Lúcia Helena Galvão

Agenda Estoica

Lições para uma vida de sabedoria e serenidade

Literare Books International
Brasil · Europa · USA · Japão

Presidente do conselho:
Mauricio Sita

Presidente:
Alessandra Ksenhuck

Vice-presidentes:
Claudia Pires e Julyana Rosa

Diretora de projetos:
Gleide Santos

Capa, projeto gráfico e diagramação:
Candido Ferreira Jr.

Revisão:
Ricardo Ondir

Impressão:
Printi

Dados Internacionais de Catalogação na Publicação (CIP)
(Câmara Brasileira do Livro, SP, Brasil)

Galvão, Lúcia Helena
Agenda estoica : lições para uma vida de sabedoria e serenidade / Lúcia Helena Galvão. -- São Paulo : Literare Books International, 2024.

ISBN 978-65-5922-968-0

1. Autoajuda 2. Autoconhecimento 3. Desenvolvimento pessoal 4. Equilíbrio (Fisiologia) 5. Estoicos I. Título.

24-230872 CDD-158.1

Índices para catálogo sistemático:

1. Autoconhecimento : Crescimento pessoal : Conduta de vida 158.1

Eliane de Freitas Leite - Bibliotecária - CRB 8/8415

Literare Books International.
Alameda dos Guatás, 102 – Saúde – São Paulo, SP.
CEP 04053-040
Fone: +55 (0**11) 2659-0968
site: www.literarebooks.com.br
e-mail: literare@literarebooks.com.br

MISTO
Papel | Apoiando o manejo florestal responsável
FSC® C196274

QUEM É A AUTORA

A professora Lúcia Helena Galvão é uma educadora brasileira conhecida por seu trabalho na área da filosofia. Ela é uma das fundadoras e idealizadoras do canal no YouTube da Nova Acrópole, que se tornou uma referência na disseminação de conhecimentos filosóficos no Brasil.

Lúcia Helena, ao longo de sua carreira, dedicou-se ao ensino da filosofia de maneira acessível e descomplicada, buscando tornar os conceitos filosóficos compreensíveis e relevantes para a vida cotidiana das pessoas.

A abordagem da professora Lúcia Helena valoriza a filosofia como uma ferramenta para a reflexão, o autoconhecimento e a busca por uma vida mais significativa. Seu estilo de ensino é caracterizado por uma linguagem acessível e dinâmica, tornando a filosofia mais próxima de todos.

Inspirada pelos ensinamentos dos filósofos estoicos Epicteto, Sêneca e o Imperador Marco Aurélio, a professora Lúcia Helena criou um protocolo com 15 lições práticas estoicas (chamadas rondas). Esta agenda estoica tem o treinamento como base e, portanto, a sugestão é que cada lição aqui contida deva ser aplicada semanalmente. Quando acabar o ciclo de 15 semanas, começa-se tudo de novo visando completar três ciclos das 15 rondas durante um ano.

Índice

PARTE I

CAPÍTULOS

CAPÍTULO 1
O QUE É ESTOICISMO?

O estoicismo (III a.C./ II d.C.) é uma antiga escola filosófica fundada na Grécia, por volta do século III a.C., por Zenão de Cítio. Essa corrente filosófica fornecerá um sistema ético e uma orientação para a vida, ensinando os indivíduos a viverem conforme a natureza e a desenvolverem a virtude para alcançar a tranquilidade e a sabedoria.

Os estoicos acreditavam que a chave para a felicidade e o bem-estar reside na compreensão de que muitas coisas no mundo estão além do nosso controle. Eles enfatizavam a importância de aceitar e se adaptar às circunstâncias externas, concentrando-se em controlar suas próprias atitudes, pensamentos e ações.

Para os estoicos, a virtude era o valor supremo e a base para uma vida feliz. A virtude envolve o desenvolvimento de qualidades, como sabedoria, coragem, justiça e autodomínio. Eles acreditavam que a sabedoria consistia em entender a ordem natural do universo e viver segundo ela, reconhecendo que tudo acontece de acordo com um plano divino.

Os estoicos também enfatizavam a importância de aceitar a impermanência e a inevitabilidade da mudança. Eles encorajavam a prática do desapego emocional em relação aos bens materiais e às circunstâncias externas, enfatizando que a verdadeira felicidade reside em cultivar a virtude e viver em harmonia com a natureza.

Ao longo da história, o estoicismo influenciou muitos filósofos, escritores e líderes, sendo conhecido por suas ideias práticas sobre como enfrentar os desafios da vida, encontrar serenidade interior e desenvolver um caráter virtuoso.

CAPÍTULO 2
QUEM FORAM OS FILÓSOFOS ESTOICOS?

Os filósofos estoicos tinham vários objetivos e aspirações em sua busca pela sabedoria e virtude. Aqui estão algumas das principais coisas que eles buscavam:

Sabedoria: os estoicos buscavam a sabedoria como um caminho para a compreensão do mundo e da natureza humana. Eles acreditavam que a sabedoria era alcançada por meio do estudo, da reflexão e da compreensão das leis naturais que governam o universo.

Virtude: os estoicos consideravam a virtude como o bem supremo e buscavam cultivar as virtudes em suas vidas. Virtudes como sabedoria, coragem, justiça e temperança eram consideradas fundamentais para viver uma vida ética e em harmonia com a natureza.

Tranquilidade interior: os estoicos buscavam alcançar um estado de tranquilidade interior, conhecido como "ataraxia". Eles acreditavam que isso poderia ser alcançado por meio da aceitação das circunstâncias além de seu controle, do controle das emoções perturbadoras e da busca pela sabedoria e virtude.

Autossuficiência: os estoicos valorizavam a autossuficiência emocional e a independência das circunstâncias externas. Eles buscavam desenvolver uma atitude de desapego em relação às coisas materiais e reconhecer que a verdadeira felicidade e satisfação não dependem de bens externos.

Equanimidade: os estoicos aspiravam a uma atitude de equanimidade diante das adversidades e dificuldades da vida. Eles acreditavam que, por meio do autocontrole e da aceitação das coisas além de seu controle, poderiam enfrentar as provações com calma e serenidade.

Viver em harmonia com a natureza: os estoicos buscavam viver em harmonia com a natureza e as leis naturais do universo. Eles acreditavam que tudo no universo está interligado e que o ser humano deve agir segundo a ordem natural das coisas.

Em suma, os filósofos estoicos buscavam a sabedoria, a virtude, a tranquilidade interior e a harmonia com a natureza. Eles aspiravam a uma vida ética, serena e autêntica, em busca do bem supremo e de uma compreensão mais profunda da existência humana.

Os principais filósofos estoicos foram:

SÊNECA (04/65 D.C.)

Sêneca, o Jovem (Lucius Annaeus Sêneca), foi um importante filósofo, escritor, orador e político romano. Ele nasceu por volta do ano 4 a.C. em Córdoba, na atual Espanha, e faleceu em 65 d.C. em Roma.

Sêneca é mais conhecido por suas contribuições para a filosofia estoica. Ele foi um dos principais expoentes do estoicismo na Roma Antiga e suas obras filosóficas abordam temas como ética, virtude, tranquilidade e a busca pela sabedoria. Entre suas obras mais famosas estão "Cartas a Lucílio" (*Epistulae Morales ad Lucilium*), "Da Brevidade da Vida" (*De Brevitate Vitae*) e "Sobre a Firmeza do Sábio" (*De Constantia Sapientis*).

Além de sua carreira filosófica, Sêneca também teve uma trajetória política. Ele serviu como senador e ocupou cargos importantes durante o reinado dos imperadores romanos Calígula, Cláudio e Nero. No entanto, sua relação com o imperador Nero tornou-se complicada, e ele acabou sendo acusado de conspiração e condenado à morte. Segundo relatos, Sêneca foi obrigado a cortar as veias em uma banheira por determinação do imperador.

As obras de Sêneca tiveram um impacto significativo no pensamento filosófico e literário subsequentes. Seus escritos estoicos influenciaram muitos pensadores e escritores ao longo da história, e sua abordagem prática e moral para a filosofia continua sendo relevante até hoje. Sêneca é considerado um dos grandes filósofos da Roma Antiga.

EPICTETO (50/125 D.C.)

Epicteto, conhecido como Epicteto de Hierápolis (Epictetus em inglês), foi um filósofo estoico nascido por volta de 55 d.C. em Hierápolis, uma cidade localizada na atual Turquia, e faleceu aproximadamente em 125 d.C.

Epicteto é conhecido principalmente por sua filosofia estoica e por seu trabalho como professor e escritor. No entanto, pouco se sabe sobre sua vida pessoal, já que ele não deixou registros escritos de sua própria vida.

Epicteto começou sua formação filosófica como escravo e, posteriormente, foi libertado por seu mestre. Ele estudou filosofia estoica com o filósofo Musônio Rufo, em Roma, e tornou-se um proeminente professor e filósofo estoico.

Seu ensinamento e filosofia foram registrados por seu discípulo, Flávio Arriano, que compilou as lições de Epicteto em uma obra chamada "Discursos" (em inglês, "The Discourses") e também em um manual chamado "O Manual" (em inglês, "The Enchiridion"). Essas obras transmitiram os ensinamentos de Epicteto sobre a ética estoica, a natureza da felicidade, a importância de aceitar as coisas como são e o desenvolvimento da virtude.

A filosofia de Epicteto enfatizava a importância de distinguir entre as coisas que estão sob nosso controle direto (como nossas opiniões, atitudes e ações) e as coisas que não estão (como eventos externos e as ações de outras pessoas). Ele acreditava que a chave para a felicidade e a tranquilidade reside em aceitar as coisas que não podemos controlar e focar em desenvolver virtudes como a sabedoria, a coragem, a temperança e a justiça.

A filosofia de Epicteto teve um impacto duradouro na tradição estoica e continuou a influenciar o pensamento filosófico ao longo dos séculos. Sua abordagem prática e enfática na ética e na busca da virtude fez dele uma figura importante no estoicismo e na história da filosofia.

MARCO AURÉLIO (121/160 D.C.)

Marco Aurélio, cujo nome completo era Marco Aurélio Antonino Augusto (em latim, Marcus Aurelius Antoninus Augustus), foi um imperador romano conhecido por seu reinado e por sua contribuição para a filosofia estoica. Ele nasceu em 26 de abril de 121 d.C. em Roma e faleceu em 17 de março de 180 d.C.

Marco Aurélio ascendeu ao trono como imperador romano em 161 d.C., com seu colega Lúcio Vero (em latim, Lucius Verus), e posteriormente governou sozinho até sua morte. Ele é considerado o último dos chamados "Cinco Bons Imperadores" de Roma.

Além de seu papel como imperador, Marco Aurélio era um filósofo estoico e escreveu extensivamente sobre suas reflexões pessoais e filosofia de vida. Sua obra mais conhecida é intitulada "Meditações" (ou "Pensamentos para Mim Mesmo"), na qual ele registrou suas ideias e lições sobre ética, virtude e o significado da vida.

As "Meditações" são séries de escritos pessoais em forma de diário, nos quais Marco Aurélio reflete sobre questões filosóficas e morais. Ele aborda temas como a natureza da felicidade, a aceitação das adversidades, o autocontrole, a busca da sabedoria e a importância de agir conforme a virtude.

Marco Aurélio tinha uma abordagem prática e moral para a filosofia estoica, acreditando que a virtude era a chave para a felicidade e os indivíduos deveriam buscar o aprimoramento pessoal através da autodisciplina e do cultivo de virtudes como a sabedoria, a coragem, a temperança e a justiça.

Suas reflexões e ensinamentos em "Meditações" influenciaram muitos pensadores ao longo da história e a obra é considerada uma importante contribuição para a filosofia estoica. Marco Aurélio é amplamente reconhecido como um dos imperadores mais filosóficos de Roma e como um exemplo notável de governante-filósofo.

Capítulo 3
Tempo

Segundo o estoicismo, aproveitar o tempo envolve uma perspectiva de vida centrada na sabedoria, virtude e aceitação das circunstâncias. Aqui estão algumas práticas e princípios estoicos que podem ajudar a aproveitar o tempo de acordo com essa filosofia:

Viver no presente: o estoicismo enfatiza a importância de viver o agora, pois o passado não pode ser alterado e o futuro é incerto. Concentre-se no presente e busque tirar o máximo proveito das experiências e oportunidades que surgem.

Aprender a aceitar o que não pode ser controlado: o estoicismo ensina que muitos aspectos da vida estão além do nosso controle, como eventos externos e ações de outras pessoas. Aprender a aceitar essas circunstâncias e direcionar a energia para aquilo que está sob seu controle pessoal pode ajudar a evitar desperdiçar tempo e esforço em preocupações improdutivas.

Focar naquilo que é importante: identifique suas prioridades e concentre-se no que é realmente significativo para você. Isso envolve definir metas e trabalhar em direção a elas, reservando tempo e energia para as coisas que são verdadeiramente valiosas em sua vida.

Praticar o desapego emocional: o estoicismo incentiva a desenvolver um desapego emocional em relação a bens materiais e a situações externas. Reconheça que a verdadeira felicidade não depende desses elementos externos, mas, sim, do cultivo da virtude e do desenvolvimento pessoal.

Aproveitar as adversidades como oportunidades de crescimento: veja os desafios e dificuldades como oportunidades para desenvolver resiliência, sabedoria e caráter. Encare os obstáculos como lições a serem aprendidas e oportunidades para crescer e fortalecer-se.

Praticar a autodisciplina e o autoexame: o estoicismo enfatiza a importância da autodisciplina e do autocontrole. Revise constantemente seus pensamentos, emoções e ações, buscando melhorar e cultivar virtudes como a temperança, a justiça, a coragem e a sabedoria.

Esses princípios estoicos podem ajudar a direcionar sua mentalidade e ação em relação ao tempo e ao aproveitamento das oportunidades que a vida oferece. Lembre-se de que o estoicismo não busca evitar o prazer ou negar as emoções, mas, sim, desenvolver uma atitude sábia e virtuosa diante dos desafios e das circunstâncias da vida.

Capítulo 4
Convivência

O estoicismo pode oferecer orientações valiosas para aproveitar a convivência com os outros de maneira mais significativa e virtuosa. Aqui estão alguns princípios estoicos relacionados a esse tema:

Praticar a empatia: o estoicismo enfatiza a importância de compreender e se colocar no lugar dos outros. Desenvolver a capacidade de empatia permite criar relacionamentos mais profundos e significativos, além de promover a compreensão e a harmonia.

Aceitar as falhas dos outros: reconheça que cada pessoa tem suas próprias limitações, imperfeições e fraquezas. O estoicismo nos ensina a aceitar as falhas dos outros, evitando julgamentos excessivos e mantendo uma atitude de compaixão e compreensão.

Cultivar a virtude nas relações interpessoais: busque agir segundo as virtudes históricas, como a justiça, a temperança, a coragem e a sabedoria, em todas as suas interações com os outros. Esforce-se para tratar as pessoas com respeito, equidade e gentileza, promovendo relacionamentos baseados em valores éticos.

Praticar a paciência: o estoicismo incentiva a desenvolver a paciência diante das imperfeições e comportamentos irritantes dos outros. Reconheça que as pessoas têm suas próprias jornadas e processos de crescimento e seja tolerante em relação a suas peculiaridades.

Evitar a dependência emocional dos outros: o estoicismo ensina que nossa felicidade não deve depender da aprovação, validação ou ações dos outros. Busque desenvolver um senso interno de valor e satisfação, encontrando alegria nas suas próprias virtudes e conquistas.

Ser responsável por suas próprias reações: reconheça que você é responsável por suas próprias reações e emoções diante das ações dos outros. Desenvolva a habilidade de responder de forma adequada, em vez de reagir impulsivamente ou de maneira prejudicial.

Esses princípios estoicos podem ajudar a promover relacionamentos mais saudáveis e significativos, baseados na compreensão, virtude e respeito mútuo. Ao aplicar esses ensinamentos em suas interações com os outros, você pode construir relações mais gratificantes e contribuir para um ambiente social mais harmonioso.

Capítulo 5
Autocontrole

Para o estoicismo, o autocontrole é um aspecto fundamental da virtude e do desenvolvimento pessoal. Ele se refere à habilidade de controlar e direcionar nossos pensamentos, emoções e ações de acordo com princípios éticos e racionais.

O estoicismo reconhece que existem muitas coisas no mundo que estão além do nosso controle, como eventos externos e as ações dos outros. No entanto, uma área em que temos poder e responsabilidade é sobre nós mesmos, incluindo nossas atitudes, reações e comportamentos.

O autocontrole estoico envolve:

Domínio das paixões: o estoicismo busca superar as emoções negativas e perturbadoras, como a raiva, o medo e a tristeza excessiva. O estoico busca cultivar a equanimidade e a serenidade diante das circunstâncias da vida, desenvolvendo a capacidade de controlar e moderar suas emoções.

Consciência dos impulsos e desejos: os estoicos valorizam a consciência e o exame dos impulsos e desejos internos. Isso envolve a capacidade de reconhecer os desejos irracionais e as tendências autodestrutivas, e direcionar a vontade conforme a razão e a virtude.

Autodisciplina: o estoicismo incentiva a prática da autodisciplina e a renúncia a comportamentos prejudiciais. Isso pode envolver a renúncia a hábitos viciosos, o controle sobre os excessos e a adoção de um estilo de vida equilibrado e moderado.

Orientação pela razão: os estoicos enfatizam a importância de viver conforme a razão e a lógica. O autocontrole envolve a capacidade de tomar decisões racionais, avaliar as situações com clareza e agir de acordo com princípios éticos e virtuosos.

O objetivo do autocontrole estoico não é negar ou suprimir as emoções humanas naturais, mas, sim, cultivar a habilidade de responder de maneira consciente, equilibrada e virtuosa às situações da vida. Ao praticar o autocontrole, os estoicos acreditavam que poderiam alcançar maior tranquilidade, sabedoria e virtude.

Capítulo 6
Discernimento

O discernimento, no contexto do estoicismo, refere-se à capacidade de distinguir entre o que está sob nosso controle e o que não está, bem como entre o que é verdadeiramente bom e o que é indiferente. É uma habilidade cognitiva essencial para a prática estoica.

Os estoicos acreditavam que o discernimento é crucial para viver conforme a natureza racional e buscar a sabedoria e a virtude. Envolve a compreensão clara das coisas que estão dentro do nosso controle direto, como nossas opiniões, atitudes e ações, e o reconhecimento de que muitos eventos externos e as ações de outras pessoas estão além do nosso controle.

Ao exercer o discernimento, os estoicos buscam direcionar sua atenção e energia para aquilo que está sob seu controle pessoal, como suas escolhas, valores, julgamentos e comportamentos. Eles buscam aceitar com serenidade as coisas que não podem controlar, evitando desperdiçar tempo e energia em preocupações inúteis.

Além disso, o discernimento também envolve a capacidade de distinguir entre o que é verdadeiramente bom e o que é indiferente. Para os estoicos, o bem supremo reside na virtude, que inclui qualidades como sabedoria, coragem, justiça e temperança. Essas virtudes são consideradas intrinsecamente boas e devem ser buscadas independentemente das circunstâncias externas.

Por outro lado, os estoicos consideravam as coisas externas, como riqueza, fama e saúde, como indiferentes, pois não são essenciais para a virtude e podem ser desfrutadas ou perdidas sem afetar nossa sabedoria e integridade moral.

O discernimento, portanto, ajuda os estoicos a viverem de acordo com seus valores éticos, a aceitar as circunstâncias além do seu controle e a concentrarem-se no cultivo da virtude, buscando uma vida de sabedoria, equanimidade e excelência moral.

Capítulo 7
Saber Amar

Os estoicos oferecem uma perspectiva interessante sobre o amor, enfatizando o cultivo de um amor sábio e virtuoso. Aqui estão algumas orientações sobre como saber amar segundo o estoicismo:

Amor baseado na virtude: os estoicos valorizam o amor baseado na virtude, que envolve respeito, compaixão, justiça e benevolência em relação aos outros. Eles acreditam que o verdadeiro amor é expresso por meio do cuidado e do desejo de promover o bem-estar e a felicidade dos outros.

Amor desapegado: o estoicismo enfatiza a importância de um amor desapegado em relação às coisas externas e às circunstâncias. Isso significa que o amor verdadeiro não deve depender de apegos materiais, expectativas ou controle sobre a outra pessoa.

Em vez disso, busca-se um amor livre de possessividade e egoísmo.

Aceitação dos outros como são: os estoicos incentivam a aceitação dos outros como seres humanos falíveis, com suas próprias virtudes e falhas. Isso envolve reconhecer que cada pessoa tem sua própria jornada e processos de crescimento, e amá-las apesar de suas imperfeições.

Amor universal e igualdade: o estoicismo promove um amor universal, que abrange todos os seres humanos. Os estoicos acreditavam na igualdade fundamental de todas as pessoas e defendem a ideia de que todos merecem ser tratados com dignidade e respeito.

Amor-próprio saudável: os estoicos enfatizam a importância de um amor-próprio saudável e compassivo. Isso envolve reconhecer o próprio valor, cultivar a autocompaixão e trabalhar para o próprio crescimento e desenvolvimento pessoal. Ao amar a si de maneira adequada, é possível estender esse amor aos outros de maneira mais significativa.

Amor como um exercício da virtude: o estoicismo vê o amor como uma prática diária, uma expressão da virtude que requer esforço contínuo. Amar segundo os princípios éticos estoicos significa agir com justiça, compaixão e benevolência em todas as interações, buscando o bem-estar e a felicidade dos outros.

Ao seguir esses princípios, os estoicos acreditavam que podemos amar de maneira mais sábia e virtuosa, promovendo relacionamentos saudáveis, respeitosos e benevolentes uns com os outros. O amor, nessa perspectiva, é visto como uma expressão da nossa humanidade e como um meio para cultivar a sabedoria e a excelência moral.

Capítulo 8
Saber viver e saber morrer

Para os estoicos, saber viver e morrer está ligado à sabedoria, virtude e aceitação da natureza da vida e da morte. Aqui estão algumas ideias-chave sobre esse tema.

Saber viver:

Viver conforme a natureza: os estoicos acreditavam que a chave para uma vida bem vivida era viver conforme a natureza racional e a ordem do universo. Isso envolve agir segundo a razão, cultivar virtudes e aceitar as circunstâncias externas além do nosso controle.

Foco nos elementos importantes: os estoicos enfatizam a importância de identificar e concentrar-se naquilo que realmente é valioso e significativo. Isso inclui o cultivo da virtude, o desenvolvimento pessoal, os relacionamentos saudáveis e o serviço aos outros.

Aceitação das adversidades: o estoicismo incentiva a aceitação das adversidades e desafios da vida como oportunidades para crescimento e desenvolvimento pessoal. Ao adotar uma atitude de aceitação e buscar o entendimento das lições presentes nas dificuldades, é possível encontrar serenidade e resiliência.

Desapego emocional: os estoicos aconselham a prática do desapego emocional em relação às coisas externas e às circunstâncias além do nosso controle. Isso não significa negar as emoções, mas, sim, cultivar uma atitude equilibrada e tranquila diante dos altos e baixos da vida.

Saber morrer:

Aceitação da mortalidade: os estoicos acreditavam que a morte era uma parte natural da vida e todos os seres humanos estão sujeitos a ela. Aceitar a inevitabilidade da morte e adotar uma atitude de serenidade em relação a ela é considerado parte integrante de uma vida bem vivida.

Reconhecimento da transitoriedade da vida: o estoicismo nos lembra de que a vida é passageira e que devemos aproveitar o momento presente. Isso nos motiva a valorizar o tempo e as experiências que temos, direcionando nossa atenção para o que é realmente importante.

Foco nas virtudes finais: os estoicos aconselham que, ao nos aproximarmos da morte, nossa atenção deve se concentrar nas virtudes finais, ou seja, no desenvolvimento e na expressão das virtudes que tornam uma vida valiosa. Isso inclui a reflexão sobre nossas ações passadas, a busca pela sabedoria e a preparação para deixar um legado positivo.

Em resumo, para os estoicos, saber viver está relacionado à busca pela sabedoria, virtude e aceitação das circunstâncias da vida, enquanto saber morrer envolve a aceitação da morte como parte natural da existência e a busca por uma vida virtuosa até o fim. O estoicismo nos encoraja a viver e morrer com serenidade, sabedoria e integridade moral.

Capítulo 9
Filosofia

A filosofia, segundo o estoicismo, é uma abordagem prática e moral da vida, focada no cultivo da virtude, na busca da sabedoria e na busca de uma vida bem vivida. Ela oferece um conjunto de princípios e ensinamentos para orientar as ações e atitudes diárias, visando alcançar a tranquilidade interior, a excelência moral e a realização pessoal.

A filosofia estoica aborda diversas áreas da vida, incluindo ética, lógica e física, mas é principalmente conhecida por sua ênfase na ética e no desenvolvimento moral. Alguns dos aspectos-chave da filosofia estoica incluem:

Virtude como o bem supremo: os estoicos consideravam a virtude como o bem supremo e a base para uma vida bem vivida. Virtudes como sabedoria, coragem, temperança e justiça são vistas como intrinsecamente valiosas e devem ser buscadas independentemente das circunstâncias externas.

Aceitação das circunstâncias: os estoicos acreditavam na importância de aceitar as circunstâncias da vida, reconhecendo que muitas coisas estão além do nosso controle. Eles enfatizam a importância de focar nas coisas que estão sob nosso controle direto, como nossas atitudes, opiniões e escolhas.

Desapego emocional: os estoicos promovem a prática do desapego emocional em relação às coisas externas e aos resultados. Eles acreditam que a felicidade e a tranquilidade não devem depender de posses materiais, posição social ou aprovação dos outros. Em vez disso, buscam encontrar satisfação interna e serenidade.

Viver no presente: os estoicos enfatizam a importância de viver no momento presente, concentrando-se no aqui e agora, em vez de se preocupar excessivamente com o passado ou o futuro. Eles acreditam que a atenção plena e a apreciação do presente são fundamentais para uma vida bem vivida.

Prática da autodisciplina: os estoicos valorizam a autodisciplina e o autocontrole como meios de desenvolver a excelência moral. Eles enfatizam a necessidade de agir conforme a razão e a virtude, controlando os impulsos e cultivando hábitos saudáveis.

A busca da sabedoria: os estoicos acreditavam na busca constante da sabedoria como um caminho para o autodesenvolvimento e a compreensão da natureza do universo. Eles valorizam a reflexão, o estudo e a busca do conhecimento como meios de aprimoramento pessoal.

A filosofia estoica busca fornecer um guia prático para viver uma vida virtuosa e significativa, enfrentando os desafios e incertezas da existência com serenidade e sabedoria. Ela oferece um sistema ético e uma filosofia de vida que continua a influenciar pensadores e indivíduos em busca de uma orientação para a vida.

Capítulo 10
Conclusão

Seguir uma agenda estoica pode trazer vários benefícios e ter um impacto significativo em sua vida. Aqui estão algumas razões pelas quais alguém pode optar por seguir uma agenda inspirada no estoicismo:

Desenvolvimento pessoal: a agenda estoica enfatiza o autodesenvolvimento e a busca pela virtude. Seguir uma agenda estoica pode ajudar a promover o crescimento pessoal, a autodisciplina e o aprimoramento de suas qualidades morais. Isso pode levar a uma maior autoconsciência, confiança e satisfação pessoal.

Resiliência diante das adversidades: o estoicismo oferece ferramentas e ensinamentos para lidar com as dificuldades da vida de maneira resiliente. Uma agenda estoica pode ajudar a desenvolver uma mentalidade de aceitação das circunstâncias além de seu controle, a encontrar serenidade em meio aos desafios e a adotar uma atitude de superação diante das adversidades.

Controle emocional: o estoicismo incentiva o controle emocional e a gestão saudável das emoções. Uma agenda estoica pode ajudar a cultivar a habilidade de reconhecer e lidar com as emoções negativas de maneira racional e equilibrada, promovendo um maior equilíbrio emocional e bem-estar psicológico.

Foco no presente: o estoicismo valoriza a importância de viver no momento presente, aproveitando cada momento da vida. Uma agenda estoica pode ajudar a desenvolver o hábito de praticar a atenção plena e a estar totalmente presente em suas experiências, aumentando a apreciação do aqui e agora.

Orientação para a virtude: o estoicismo coloca ênfase na busca pela virtude como um objetivo central da vida. Seguir uma agenda estoica pode ajudar a lembrar constantemente de seus valores éticos e a orientar suas ações e decisões de acordo com esses princípios. Isso promove uma vida mais ética e alinhada com seus ideais mais elevados.

Tranquilidade interior: o estoicismo busca a tranquilidade interior, a serenidade e a paz de espírito. Uma agenda estoica pode incluir práticas de reflexão, meditação ou escrita que ajudem a cultivar a calma interior e a lidar com o estresse e a ansiedade.

Embora a adoção de uma agenda estoica possa variar entre as pessoas, esses são alguns dos benefícios que podem ser obtidos ao seguir os princípios e práticas do estoicismo. Uma agenda estoica pode ser uma ferramenta prática para viver uma vida mais virtuosa, equilibrada e significativa.

Lúcia Helena Galvão

PARTE II

A AGENDA ESTOICA

O QUE É AGENDA ESTOICA?

A agenda estoica refere-se a um conjunto de princípios e práticas inspirados na filosofia estoica, uma escola de pensamento fundada por Zenão de Cítio no século III a.C. A filosofia estoica enfatiza a busca pela virtude, a aceitação do destino e o desenvolvimento de um estado mental tranquilo e sereno, mesmo diante das adversidades da vida.

A agenda estoica envolve uma série de exercícios e reflexões que visam cultivar a sabedoria, a coragem, a temperança e a justiça, que são consideradas as quatro virtudes estoicas. Além disso, promove a prática da atenção plena (ou "atenção ao momento presente"), o reconhecimento da transitoriedade das coisas e a aceitação das circunstâncias externas que estão além do nosso controle.

Alguns dos princípios-chave da agenda estoica incluem:

Distinguir entre o que está sob nosso controle e o que não está: a ênfase é colocada na aceitação das coisas que não podemos controlar, como eventos externos e as ações dos outros. Em contraste, somos encorajados a focar nossa energia naquilo que está sob nosso controle, como nossas atitudes, pensamentos e ações.

Praticar a atenção plena: a agenda estoica enfatiza a importância de estar presente no momento atual, em vez de se preocupar com o passado ou com o futuro. Isso envolve estar consciente de nossos pensamentos, emoções e ações no momento presente.

Desenvolver resiliência e aceitação: os estoicos acreditavam que a virtude consiste em aprender a aceitar as circunstâncias externas e lidar com elas de maneira tranquila e serena. Isso envolve desenvolver resiliência diante de adversidades e reconhecer que a felicidade não depende das circunstâncias externas, mas, sim, da nossa resposta a elas.

Cultivar a autodisciplina: a agenda estoica incentiva o cultivo da autodisciplina e do autocontrole. Isso envolve a prática de superar desejos e impulsos irracionais, bem como a adoção de hábitos saudáveis e virtuosos.

A agenda estoica não se limita apenas à teoria, mas também se concentra na aplicação prática desses princípios na vida cotidiana. O objetivo final é alcançar a eudaimonia, um estado de bem-estar interior e satisfação alcançado através do cultivo da virtude e do desenvolvimento de um estado mental tranquilo.

Apresentação da agenda estoica:

Nesta agenda, algumas máximas dos três principais autores do estoicismo, Epicteto, Marco Aurélio e Sêneca, foram divididas em 15 rondas. Cada ronda prioriza os pensamentos mais propícios de cada autor para o tema a ser refletido.

A proposta é levar o leitor a ler, refletir e praticar os exercícios de cada ronda por uma semana. Ao todo você terá aproximadamente quatro meses para passar por todas. Ou seja, é possível repetir três vezes em um ano.

Fazer uma ronda é ler os ensinamentos, as reflexões e fazer os exercícios por uma semana, de preferência, por dez a quinze minutos a cada dia. Procure praticá-las nas atividades cotidianas desses dias.

Com o tempo, você pode ir agregando suas próprias reflexões e exercícios. Mais tarde, até novos ensinamentos podem ser agregados ou substituídos pelos que estão aí. É necessário ter o cuidado de, ao introduzir um novo ensinamento, criar reflexões e exercícios relativos a ele.

Trata-se de um exercício muito simples, como um "programa" para incentivar as reflexões sobre ensinamentos que visam a qualificar nossas vidas.

Com reflexões e práticas, esses ensinamentos podem chegar a ser assimilados em sua conduta.

Não há nenhum milagre nem mágica; há apenas disciplina e um método, que pode vir a ser aperfeiçoado, para vivenciar e assimilar bons ensinamentos.

1ª Ronda: Tempo

A primeira ronda tratará do tempo, um assunto muito especial para os estoicos. Para isso, selecionei alguns pensamentos; o primeiro deles é:

> ***"Cita-me um homem que saiba reconhecer o valor de um dia e compreender que morre a cada dia. Enganamo-nos ao ver a morte diante de nós: ela está em grande parte atrás de nós (passado)".***
>
> **- Sêneca**

Este pensamento nos traz a reflexão de que não vamos morrer um dia; nós morremos um pouco a cada dia que passa. Eu, por exemplo, tenho 60 anos, tenho 60 anos atrás de mim. Não sei quantos anos tenho pela frente, mas todo o peso que ficou para trás em anos vividos reflete o tanto de vida que já se foi. Ou seja, para não ser muito brusca ou rude, não direi que é o tanto de morte, mas, de certa maneira, este é o fato. Nós não vamos morrer um dia; morremos um pouco a cada dia. Daí, inclusive, a posição dos estoicos sobre a necessidade de corrigirmos a nossa visão da morte. É importante percebermos isso para estarmos alertas, como um choque elétrico em nossa consciência, para que ela se dê conta de que um dia não é uma "coisa", algo que se jogue fora sem valor ou peso de consciência. Isso nos conecta diretamente ao segundo pensamento:

> ***"Passar todo dia como fosse o último, sem agitação, sem moleza, sem falsidade; nisso consiste a perfeição dos costumes".***
>
> **- Marco Aurélio**

Marco Aurélio gostava muito de falar sobre isso. Viver cada dia como se fosse o último, para dar o seu melhor, mas também como se fosse o primeiro, para ter sempre o frescor de um aprendiz. A audácia de quem ainda quer aprender sobre a vida, de quem está disposto a se aperfeiçoar, mesmo que tenha apenas um dia ou uma hora de vida pela frente. Mesmo diante da concreta finitude da vida, ainda existe o anseio de agregar valor ao mundo.

> ***"Combater hábitos negativos: espaçá-los, ganhar cada dia sem eles."***
>
> **- Marco Aurélio**

O Terceiro pensamento, de Marco Aurélio, nos guia pela ideia de combater nossos hábitos negativos, gradualmente espaçando-os e alcançando dias livres deles. Embora eu pudesse discorrer mais sobre esse pensamento neste momento, prefiro mergulhar mais profundamente nele em breve. Convido você a me acompanhar nesta jornada de revisitar cada pensamento, para uma reflexão prática e aplicável.

REFLEXÕES

Retornemos então à primeira citação de Sêneca:

> ***"Cita-me um homem que saiba reconhecer o valor de um dia e compreender que morre a cada dia. Enganamo-nos ao ver a morte diante de nós: ela está em grande parte atrás de nós (passado)".***
>
> **- Sêneca**

A morte significa que os dias já não nos pertencem. E esses dias já são muitos, a menos que eu esteja falando com um adolescente ou alguém muito jovem. Uma pessoa de meia-idade já tem uma boa carga de dias que se foram para trás, ou seja, uma boa carga de morte para trás; em compensação, tem uma carga de vida pela frente. A diferença é que o tamanho daquilo que está para trás podemos perfeitamente mensurar; já o tamanho daquilo que está adiante é um mistério. Portanto, podemos ser severamente surpreendidos. Sobre essa perspectiva, sugiro as seguintes reflexões sobre esse pensamento:

- **Quando não planejo meu dia ou planejo e não faço nada do previsto, tenho consciência do que perdi?**

Se você se autoavaliar no fim do dia, chegará à conclusão de que não fez absolutamente nada de útil? Não pense que estou sendo rigorosa ao dizer que não se pode desfrutar de momentos de lazer. O lazer também é útil, desde que seja saudável e não comprometa seus princípios. O descanso também é útil, e é crucial termos consciência disso. Em resumo, ao se dedicar ao lazer ou ao descanso, não se deve abandonar quem você é. Você leva seus princípios consigo, mesmo durante as férias; não os tranque dentro de casa. Não é necessário se desvalorizar para se divertir ou tirar férias; não é necessário abandonar sua essência. Se o fizer, voltará mais cansado do que partiu, e esse suposto descanso se tornará um prejuízo. Portanto, quando não temos nenhum momento de verdadeiro descanso ou produtividade ao longo do dia significa que o dia não acrescentou nada às nossas vidas. Isso não é um desperdício trivial; é um desperdício significativo. Assim, é importante que a falta de aproveitamento de um dia pese em nossa consciência. Porque, se pudéssemos viver milhões de anos, este não seria o caso. Mas a expectativa de vida de um brasileiro atualmente é de 76,6 anos, e dentro desse período, um dia é considerável. Portanto, a dor às vezes serve como veículo de consciência. Se perceber que desperdiçou um dia de sua vida, isso deve lhe causar desconforto.

- **Se tivesse pouco tempo de vida, o que seria um dia para mim? Como posso ter certeza de que os dias pela frente serão muitos?**

Este é um excelente exercício de imaginação. E se soubéssemos que teríamos apenas um ano de vida? Qual seria o significado de um dia para alguém que está vivenciando essa situação? Seria algo a ser desperdiçado ou uma preciosidade a ser desfrutada da melhor maneira possível e a ser vivida com a maior intensidade? Poderíamos ter essa perspectiva, pois, como explorarei mais adiante, de que forma podemos ter certeza de que os dias pela frente serão muitos? Como podemos saber? Sei o tamanho do passado, mas do futuro, há incertezas.

Imagine uma pessoa que tem apenas um ano de vida pela frente, e sabe disso por um diagnóstico médico. Prontamente pensamos: Nossa, que tragédia, que situação difícil! Agora, imagine que cada um de nós, sem qualquer diagnóstico médico, possa ter menos do que isso. Esse pensamento é crucial para lembrá-lo de que um dia é muito valioso para ser desperdiçado. Relembre o valor de um dia, o quanto ele pode acrescentar em nossas vidas e nas vidas de outras pessoas com quem nos conectamos. O quanto pode fazer a diferença para um ser humano maduro e disposto a se transformar e a ajudar a transformar o mundo. Não há limites para a capacidade humana, e não podemos esquecer disso. Entristece-me a ideia de que o ser humano não vale nada, porque uma das piores coisas que podemos fazer é perder a confiança na humanidade e em nós mesmos, pois todos esses poderes latentes que existem dentro de cada um permanecem pelo resto da vida, mas se não vêm à tona, não produzem frutos.

É impressionante como um ser humano é capaz de se apresentar diante de uma multidão e fazer um discurso, como faziam Mahatma Gandhi, Madre Teresa de Calcutá, entre outros, e aquele dia se torna um ponto de mudança, um dia sagrado para o resto da vida de muitas pessoas. Sabe o que é isso? Apenas um ser humano usando bem o seu dia. O ser humano pode fazer muito e mesmo que seja um dia simples, onde não façamos coisas que mudem a história da humanidade, devemos aproveitá-lo, ou pelo menos deveria nos incomodar o fato de não fazermos isso. Essas reflexões foram formuladas sob este aspecto: constatar o que tenho feito do meu tempo. Constatar é o primeiro passo para mudar.

Existem, por exemplo, pessoas que fazem dietas em busca do emagrecimento, mas têm um verdadeiro pavor da balança, simplesmente não se pesam. Esse tipo de atitude é muito comum, porém muito complexa. Essas pessoas podem estar se enganando, seguindo uma dieta alternativa que não traz resultados e alimentando assim a autoilusão. Ao olhar no espelho, essas pessoas podem achar que emagreceram muito. Entretanto, sem constatação não há progresso. Precisamos estar preparados para a constatação e, nesse caso, a constatação é a balança, ou melhor, o ato de se pesar e estar preparado para materializar o resultado dos esforços feitos.

A constatação, no caso do nosso progresso na vida, é uma avaliação da nossa consciência à noite, todos os dias, com um pequeno diário. Imagino que você esteja se questionando agora: é necessário que seja feito à noite? Sim! Escrever um pequeno diário, registrando o que você fez durante o seu dia, precisa ser feito à noite. Se postergar essa tarefa para o dia seguinte, você pode acordar atrasado, receber uma ligação ou ter que lidar com alguma emergência. Cerca de 70% das pessoas não vão concluir essa tarefa, se não mais. Portanto, adiá-la para o dia seguinte não é o melhor caminho. Antes de dormir, você pode atrasar o sono por 5 minutos. Agora, você pode pensar: Não dá! Não tenho 5 minutos, não aguento mais, tenho que dormir! Mas, e se alguém dissesse que há pudim de chocolate na geladeira? Você responderia: "Ah, não estou tão cansado assim!" Esse é o teste do pudim de chocolate, e ele costuma ser infalível. Ou seja, todos temos 5 minutos. Trazer consciência para dentro do nosso dia é a nossa balança de evolução moral, psicológica e espiritual, por isso é tão importante.

> ***"Passar todo dia como fosse o último, sem agitação, sem moleza, sem falsidade; nisso consiste a perfeição dos costumes."***
>
> **- Marco Aurélio**

Percebemos como esse pensamento é bastante semelhante à reflexão que fizemos há pouco sobre a ideia de Sêneca: viver cada dia como se fosse o último significa viver sem pressa e sem pausa, sem agitação e com constância.

Agora, concentre-se comigo neste momento, no dia de hoje. Se soubéssemos que vamos morrer amanhã, o que estaríamos fazendo? Deveríamos ter a serenidade e a tranquilidade para dizer que estaríamos aqui, fazendo exatamente o que estamos fazendo agora. Eu estaria aqui, aprendendo sobre assuntos que podem me ajudar a me tornar um ser humano melhor. Mesmo que tivesse poucas horas de vida, valeria a pena usá-las assim. Se você também é capaz de dizer isso, fique tranquilo, você está no lugar certo! Se sentir a necessidade de correr para outro lugar, talvez você tenha pendências a resolver. É possível que não esteja vivendo cada dia com intensidade suficiente para colocar a cabeça no travesseiro e desfrutar do sono dos justos, com todas as suas pendências resolvidas, em paz com o céu e com a terra. Portanto, esteja atento a isso também.

Nesse pensamento, também observamos a necessidade de viver todos os dias sem inércia, sem adiar o que precisa ser feito e sem falsidade. Em paz com o dever de ter um coração transparente e de ser absolutamente fiel à verdade, pois o progresso humano é em direção à sabedoria, e a sabedoria é a verdade. Então, se estou agindo com sinceridade, sem enganar ninguém nem a mim mesmo, posso ficar tranquilo de que vivi bem o dia de hoje? Se a resposta for sim, posso garantir que foi um dia bem vivido. Você terá direito ao sono dos justos. E é literalmente isso! Não vou dizer que não existem outras razões para que alguém perca o sono, mas devemos considerar a questão de não estarmos sendo coerentes, de nos sentirmos pouco fiéis ao que acreditamos, talvez usando uma máscara e não assumindo exatamente quem somos. Isso causa insônia, gera um estado de desconforto mental, e mesmo que você durma, dorme mal, transferindo para dentro da consciência onírica[1] o estado em que você está na consciência de vigília[2]; até o sono físico pode ser prejudicado pela incoerência quando esta é percebida, detectada pela consciência.

Vamos observar essa mesma questão, por um ângulo ligeiramente diferente. Veja:

- **Se hoje tivesse sido meu último dia, como eu avaliaria a maneira que eu o vivi? O que permaneceria? O que mudaria?**

Este exercício deve ser feito sem planejamento. Por exemplo, hoje à noite. Sente-se e imagine o que fez durante o dia de hoje, e reflita: se eu quisesse ter um dia absolutamente coerente com o meu sentido de vida, com meu propósito, com minha identidade, o que eu retiraria deste dia? O que eu faria de forma diferente? O que eu acrescentaria para torná-lo mais completo e melhor? Estaria perfeitamente alinhado com o lugar em que eu estava? Com a companhia das pessoas com quem eu estava? Talvez fosse necessário polir algumas arestas, aperfeiçoar alguns comportamentos, ou somar outros. Imagine que interessante

---

1 A consciência onírica se refere à experiência de estar consciente durante o estado de sonho. É quando você percebe, dentro do próprio sonho, que está sonhando. Durante a consciência onírica, a pessoa pode ser capaz de controlar certos aspectos do sonho, como o ambiente, as ações ou até mesmo o desenrolar da narrativa. É uma habilidade associada ao fenômeno conhecido como "sonho lúcido".

2 A consciência de vigília é o estado de consciência no qual estamos alertas, acordados e conscientes do nosso entorno e das nossas próprias experiências sensoriais, mentais e emocionais. É o estado em que nos encontramos quando estamos acordados e interagindo com o mundo ao nosso redor, capazes de perceber e responder aos estímulos externos e internos.

seria visitar uma segunda versão aprimorada do dia de hoje. Você pode estar pensando: ah, por que chorar o leite derramado? Já vivi este dia. Não se trata de remoer o que foi vivido, mas, sim, de criar, no plano da imaginação, um dia mais perfeito que esse. E para que mudanças nasçam em sua vida no futuro, elas precisam primeiro surgir no plano da imaginação. Portanto, ao imaginar um dia melhor do que aquele que foi vivido, você o torna realidade no plano mental, tornando sua incorporação à vida real muito mais possível.

> ***"Combater hábitos negativos: espaçá-los, ganhar cada dia sem eles."***
>
> **- Marco Aurélio**

Esse pensamento é bastante interessante, e para nos aprofundarmos na reflexão sobre ele, voltarei ao exemplo anteriormente citado sobre a dieta para emagrecimento. Peço desculpas às pessoas sensíveis a esse assunto, mas é um exemplo perfeito para ilustrar a reflexão que faremos a seguir.

Imagine que alguém planeja iniciar uma dieta na segunda-feira (já que existe o consenso geral de que este é o dia perfeito para começar uma dieta). Após planejar, encher a geladeira de frutas e organizar tudo o que pode ser consumido, no primeiro dia essa pessoa "cai em tentação" e consome um chocolate. É bastante comum que, diante desse revés, ela pense: ah, agora que já cometi um erro, deixarei para lá. E acabe por consumir a caixa inteira de chocolates. É exatamente neste ponto que gostaria de chegar: quando alguém comete um erro, perde uma batalha, mas não a guerra. É possível recomeçar no dia seguinte e ainda considerar como uma vitória o fato de ter consumido apenas um chocolate hoje, quando antes consumiria cinco ou seis.

Aqueles que já foram pais se recordam do momento em que a criança dá os primeiros passos. Eu mesma tive duas filhas e lembro-me bem desse momento. Quando minha filha mais velha deu o primeiro passinho, fiz um bolo e convidei toda a vizinhança para comemorar. Com paciência, aguardei que ela desse o segundo passo. Quando isso aconteceu, fiz outro bolo e, mesmo que a vizinhança já estivesse se escondendo de mim, os chamei novamente. Por quê? Porque os pais celebram cada pequena vitória da criança. Sabemos que isso é muito estimulante para ela, é positivo e dá forças para continuar evoluindo. Se a criança dá um passo e cai, pelo menos fez algo, não é mesmo? O mesmo se aplica ao exemplo que mencionei anteriormente: se antes o comportamento habitual era consumir cinco ou seis chocolates, comer apenas um já é uma vitória. Devemos ter paciência conosco. Dentro de nós, há uma criança assustada, ainda em formação, que precisa ser guiada passo a passo. Devemos conduzir esse processo sem pressa, respeitando o ritmo dessa criança. Julgar que um passo é insuficiente, que deveriam ser dados dois ou três passos, pode fazer com que essa criança não dê mais nenhum passo. Precisamos ser prudentes, sabendo celebrar cada pequena vitória. Se alguém começa uma dieta na segunda-feira e acaba comendo apenas um chocolate, ou se come na segunda-feira, não come na terça-feira, mas volta a comer na quarta-feira, já houve uma evolução em comparação ao padrão anterior de consumo diário. É fundamental estimular comportamentos positivos, assim como se estimula uma criança, celebrando as pequenas conquistas. Repito, não se abandona uma guerra por perder uma batalha, não faz sentido. Portanto, devemos espaçar os hábitos negativos e ganhar cada dia sem eles. E se voltarmos a errar? Bem, agora serão dois dias sem nos livrar deles. Se errarmos novamente, serão três. Mas se acertarmos, brindaremos as pequenas vitórias. Vamos refletir sobre isso.

- **Quando eu me proponho a algo e falho, desisto da proposta ou continuo lutando?**

Durante muitos anos, gravei palestras. No início, isso foi uma verdadeira novela para mim, pois tinha muito medo das câmeras e não estava acostumada. Como professora, meu ambiente rotineiro era a sala de aula, onde leciono há mais de 35 anos. Então, quando precisava fazer uma gravação e pronunciava uma palavra errada ou gaguejava, queria apagar tudo e recomeçar. Foi muito difícil para minha equipe me convencer de que era possível editar, cortar o erro e continuar, pois imagine ter que refazer uma gravação de três horas. É evidente que não teria produzido muitos materiais dessa forma. Tive que aprender a não dramatizar os erros e continuar avançando, recuperar a esperança e não me deixar abater. Precisamos nos questionar se temos essa capacidade, pois, senão, não avançaremos muito.

EXERCÍCIOS

Prosseguiremos agora com os exercícios sugeridos. Recomendo que, após lerem e fazerem as reflexões, façam as suas próprias análises, além das que foram sugeridas. Imaginem o que pode ser refletido sobre os pensamentos que abordamos e usem esses exercícios como base. São eles:

1. Coloque uma meta por dia: um ato de generosidade, um ato de bondade, um aprendizado...

O que aprendi hoje? O dia permitiu o meu crescimento? Chegou a noite e percebi que não aprendi nada. Esse é o momento de tomar uma atitude, conversar com alguém que tenha algo para ensinar, ou ler um livro... Mas não se deite sem tomar essa iniciativa. Se preferir começar com a generosidade e perceber que não teve nenhuma ação generosa, pegue seu telefone e envie uma palavra de carinho para um amigo com quem não fala há muito tempo ou que possa estar precisando de você. Estabeleça como uma regra: "não me deitarei sem ter feito isso". Cada pequena ação é como um grão que você está plantando, e existem muitas parábolas que falam desse conceito, em que cada grão, ao longo do tempo, forma uma montanha. Lembre-se que um dia não pode ser vazio, destituído de qualquer propósito.

Portanto, recomendo este exercício pelo menos por um período de tempo. Os exercícios podem ser temporários ou podem ser incorporados à vida permanentemente. Por exemplo: "Vou passar todo este mês fazendo um ato de generosidade por dia". Isso pode ser praticado por uma semana, um mês, um ano ou até mesmo por muitos anos, como uma disciplina. Observe como você se sente e como as pessoas ao seu redor se sentem. Observe como isso oferece oportunidades para que, no dia seguinte, você se sinta ainda mais estimulado a fazer coisas ainda melhores, e assim por diante. Observe os efeitos que essa prática produz.

2. Fazer um diário onde avalio, à noite, o que fiz do meu dia em relação ao meu propósito de vida.

Adiante, voltarei a falar sobre isso. Pitágoras[3], por exemplo, exigia que seus discípulos mantivessem um diário em seu Museu Pitagórico[4]. Isso nos ajudará a ter um sentido claro de vida e, todos os dias, observar se caminhamos em direção a ele, permanecemos parados ou damos um passo na direção contrária. Comece a estabelecer um diário no qual não escreva banalidades, mas compare seu dia com seu propósito de vida; isso é fundamental. Fazendo uma analogia com um dos exemplos que estudamos anteriormente, isso significa que você está tendo a coragem de subir na balança, começando a avaliar o deslocamento da consciência.

3. Não tomar a derrota em uma batalha como se fosse a perda da guerra.

Não me aprofundarei neste exercício, pois já discutimos amplamente sobre ele nos parágrafos anteriores.

Aqui encerramos nossa primeira ronda. Mas antes de prosseguirmos, gostaria de destacar a importância de reservar um tempo para colocar os exercícios em prática e anotar as conclusões que surgirem. Tome nota em seu diário pessoal ou em qualquer outro local adequado para registrar as reflexões decorrentes dessa experiência.

---

3 Pitágoras foi um filósofo e matemático grego do século VI a.C., conhecido principalmente por suas contribuições à matemática, filosofia e ciência. Ele nasceu na ilha de Samos por volta de 570 a.C. e morreu em Metaponto, na Magna Grécia (sul da Itália), por volta de 495 a.C. Pitágoras é mais famoso pelo teorema que leva seu nome, o Teorema de Pitágoras, que estabelece a relação entre os lados de um triângulo retângulo.

4 Pitágoras fundou uma comunidade filosófica em Crotona, no sul da Itália, por volta do século VI a.C. Essa comunidade é frequentemente referida como a "Escola Pitagórica". Era um grupo fechado, com regras estritas e um estilo de vida comunitário, que combinava práticas filosóficas e científicas.

ANOTAÇÕES DOS EXERCÍCIOS:

2ª Ronda: Convivência

Nessa etapa de nossa jornada, adentramos o domínio da convivência, nossa segunda ronda. Nessa fase, voltaremos nossa atenção para três pensamentos: o primeiro de Sêneca, o segundo de Epicteto e o terceiro de Marco Aurélio.

> ***"Hoje tive o prazer de ler em Hecaton: 'Perguntas-me, escreve ele, que progresso eu fiz? Tornei-me meu amigo'. Grande progresso! Jamais estarás só. Se tiveres semelhante amigo, terás o gênero humano por amigo."***
>
> **- Sêneca**

Hecaton foi um venerável filósofo estoico dos tempos antigos, cujas obras, embora não tenham sobrevivido até nós, foram indiretamente preservadas. Sêneca, ao que tudo indica, teve acesso aos ensinamentos de Hecaton e os contemplou em suas próprias reflexões.

Retomando o propósito desse pensamento, é fascinante considerar que, ao nos tornarmos verdadeiros amigos de nós mesmos, conquistamos a amizade de toda a humanidade. Esse princípio ecoa os ensinamentos de Hecaton, os quais Sêneca ponderou nessa reflexão.

Agora, passamos à segunda frase de Epicteto.

> ***"Não culpar os outros nem a si mesmo por nada. Extinguir a ideia da culpa, que é uma 'explicação fácil'. A extinção da culpa indica o início do progresso moral."***
>
> **- Epicteto**

Costumo mencionar isso em minhas aulas. É como uma piada que faço: a segunda maior invenção do mundo é culpar os outros, a primeira é a roda. Parece útil, mas tem um problema: faz a gente esperar que os outros mudem, não nós mesmos. E como não podemos controlar os outros, nada realmente muda.

Por último, a terceira frase de Marco Aurélio.

> ***"Não se pode viver feliz se só se olha para si mesmo, quando só se pensa no interesse pessoal. É preciso viver para outrem se se quer viver para si mesmo."***
>
> **- Marco Aurélio**

Esse pensamento de Marco Aurélio é realmente belo, não é? Ele nos instiga a refletir sobre a essência da felicidade e da realização pessoal. Ao sugerir que não podemos alcançar a verdadeira felicidade apenas focando em nós mesmos e em nossos interesses pessoais.

É fascinante pensar como todas essas ideias se desdobram diante de nós, convidando-nos a explorar sua profundidade e relevância em nossas próprias jornadas. Então, vamos mergulhar nessas reflexões uma a uma, buscando compreender como podem moldar e enriquecer nossas vidas.

REFLEXÕES

Retomemos, agora, a primeira citação de Sêneca:

> ***"Hoje tive o prazer de ler em Hecaton: 'Perguntas-me, escreve ele, que progresso eu fiz? Tornei-me meu amigo'. Grande progresso! Jamais estarás só. Se tiveres semelhante amigo, terás o gênero humano por amigo".***
>
> **- Sêneca**

Esse primeiro pensamento realmente nos atinge profundamente, não é mesmo? Quando nos deparamos com a pergunta "Que progresso eu fiz?", percebemos que o primeiro passo é a consciência de si mesmo. É a descoberta de que dentro de nós há algo digno de respeito – uma essência, uma consciência que não pode ser violada nem machucada. Não devemos nos preocupar apenas com a imagem que os outros têm de nós, mas, sim, fundamentalmente, com o que nossa própria consciência vê em nós. Precisamos, portanto, descobrir essa identidade interior e cultivar uma amizade com ela. Essa parte de nós mesmos está ansiosa para assumir o controle de nossas vidas – afinal, somos nós mesmos – para que possamos genuinamente contribuir para o mundo ao nosso redor. Não podemos simplesmente seguir o fluxo da vida como um programa de computador, reproduzindo as mesmas ações que todos fazem, como se fosse suficiente pressionar o botão de "play". Agir dessa maneira não seria autêntico, não estaríamos vivendo, estaríamos apenas sendo consumidos pela correnteza da existência. Viemos a este mundo para expressar nossa essência, e nossa existência deve dar sua contribuição ao mundo, expressando aquilo que precisa expressar e que o mundo precisa ouvir. Mais do que isso, é importante lembrar que, em primeiro lugar, devemos nos tornar nossos próprios aliados. Se alguém é capaz de trair a si mesmo, de se ignorar, não pode esperar ser verdadeiramente amigo de outra pessoa; acabará por tratar os outros da mesma forma como trata a si mesmo. Isso resultará em relacionamentos superficiais, baseados no uso mútuo para interesses pessoais. Não haverá uma conexão genuína com os outros, pois se você não tem uma relação saudável consigo mesmo, não poderá estabelecê-la com os outros. Portanto, o primeiro passo para a mudança é se tornar amigo de si mesmo, e isso é um progresso imenso, não deve ser subestimado.

Sob essa perspectiva, proponho a seguinte reflexão:

- **Para ser amigo de mim mesmo, tenho que saber quem sou. Defino que meu momento de consciência mais elevado é o eu legítimo. Agora, pergunto a este momento, que chamo de "verdadeiro eu", como gerir minha vida (divinos ócios)[5].**

---

5 Divino ócio é uma expressão usada por Platão em sua obra "O Banquete". Ele se refere a um estado de tranquilidade e contemplação que ocorre quando alguém está envolvido em atividades intelectuais ou filosóficas elevadas. Esse estado é frequentemente associado ao momento em que a mente está livre de preocupações mundanas e se dedica à busca da verdade, da beleza e do conhecimento.

Deixe-me ilustrar essa reflexão. Relembre algum momento em que você sentiu uma profunda dor ao saber que alguém de um país distante, uma pessoa qualquer, estava passando por sérias dificuldades. Nesse momento, seu coração apertou e você pensou: nossa, são seres humanos como eu. Talvez, você também já tenha ouvido sobre uma catástrofe, pessoas enfrentando situações muito difíceis, e disse: "Nossa, que lástima! Casas como a minha, famílias como a minha, enquanto estou aqui são e salvo, essas pessoas perderam tudo. Talvez tenham perdido até a vida". Ao pensar assim, sentiu essa dor pelo outro, não para mostrar a ninguém, mas uma dor legítima. Ou talvez, lembre-se de ter recebido a notícia de que alguém muito distante, que você sequer conhece pessoalmente, e que lutava contra uma doença há muito tempo, se curou. Você foi tomado por uma alegria e sensação de alívio pelo outro, ao saber que um ser humano recuperou as esperanças e está mais feliz. Todos nós temos esses momentos. Esse momento é você mesmo. É o momento de consciência mais legítimo que se tem. Nossa consciência é feita de andares, podendo parar em qualquer nível. Nos andares baixos, estão os instintos; no meio, as paixões, emoções vulgares e pensamentos banais; mas no nível elevado está o que consideramos como "Reta razão"[6], ou a mente pura, em várias tradições. Quando sua consciência para nesse endereço, saiba que é você. Ou seja, se você descobrir onde "mora", onde está o seu alto nível de

6 "Reta razão" é uma expressão que remonta à filosofia antiga, especialmente associada à tradição da filosofia estoica. Refere-se ao uso correto da razão, muitas vezes contrastado com impulsos emocionais ou irracionais. Na ética estoica, seguir a reta razão significa viver de acordo com a natureza racional do universo e agir de acordo com a virtude. Isso implica em tomar decisões ponderadas, éticas e alinhadas com o que é considerado correto e justo.

consciência, cada vez que precisar tomar uma decisão importante, poderá fazer com que o elevador da consciência pare exatamente neste andar e tome as decisões a partir daí. É como se você estabelecesse uma lei dentro de si para decidir: a consciência tem que estar parada no sétimo andar; em nenhum outro andar pode tomar decisões, só executá-las. Isso significa começar a ser amigo de si próprio, começar a colocar sua essência mais pura, mais humana, mais elevada, dominando sua vida. Nesse momento, marque o dia e a hora, para que você possa comemorar esse aniversário, porque nesse momento, de fato, você começou a viver. Seu aniversário passará a ser só do seu corpo, mas este será o aniversário da sua consciência.

Seguindo em frente, vamos para o próximo pensamento, de Epicteto.

> ***"Não culpar os outros nem a si mesmo por nada. Extinguir a ideia da culpa, que é uma 'explicação fácil'. A extinção da culpa indica o início do progresso moral."***
>
> **- Epicteto**

Quando cometemos um erro, o comportamento mais comum no primeiro momento é sofrermos por ele, nos martirizamos, nos torturarmos. Surgem pensamentos como: eu não presto, eu não sirvo para nada! No entanto, pensamentos como este, na realidade, se tratam de um mero masoquismo inútil, que desperdiça nossa energia vital e não soluciona a situação causada pelo erro. Quando um erro é cometido, não basta nos sentirmos culpados; precisamos ser responsáveis. Todo aquele que é responsável deve, portanto, arcar com suas responsabilidades, observar e entender a situação, comparar o que foi feito e o que deveria ter sido a atitude correta e então consertar. Suponhamos que eu derrame uma garrafa de leite. O que seria mais produtivo: secar o leite derramado, juntar os cacos de vidro, ir até o mercado e comprar uma nova garrafa de leite, ou chorar sob o leite derramado? Como diz o ditado popular, fica claro que a segunda opção não é a melhor escolha, pois nada adianta. No entanto, quando tomo consciência de que sou responsável, isso não só remediará o problema como também elevará a minha consciência. Passarei a ter mais atenção quando houver garrafas de leite no ambiente, ou seja, aprendi alguma coisa com a experiência e consertei o dano que provoquei. Responsabilidade gera crescimento; culpa não. A culpa, por sua vez, gera trauma; é um processo de autopiedade ou automartírio que não promove bem algum. Portanto, podemos afirmar que a extinção da culpa marca o início do progresso moral, quando começamos verdadeiramente a viver como seres humanos. A partir desse ponto, podemos aprender com nossos erros, sem transferi-los para os outros, compreender como remediar a situação e agir, para então extrair lições desse equívoco e avançar. Seguindo esse caminho, é possível que, em algum momento, você se depare com o seguinte pensamento: se não fossem meus erros, não estaria onde estou, não seria quem sou, nem saberia o que sei. Em outras palavras, graças a todos os erros dos quais tomamos consciência e corrigimos, nos tornamos mais completos como seres humanos; portanto, esses erros não foram tão prejudiciais, mas, sim, pedagógicos. Por exemplo, pense em quantas vezes uma criança erra em seu caderno antes de acertar a solução de uma conta básica. Esses erros foram ruins? Não, foram necessários para o aprendizado. Se um erro pode proporcionar aprendizado, não pode ser rotulado como negativo. No entanto, quando o processo de culpa se instala e paralisa o indivíduo, incapaz de lidar com a dor sozinho, ele começa a terceirizar a culpa, a se vitimizar, colocando-a no mundo inteiro, menos em si próprio.

Para uma reflexão mais profunda sobre esse tema, sugiro o seguinte questionamento:

- **As coisas que acontecem comigo são questões pessoais, planejadas por alguém que não gosta de mim, ou a minha necessidade de provas para crescer?**

Vamos retornar brevemente ao exemplo mencionado anteriormente sobre a garrafa de leite. Será que alguém notou que eu estava indo em direção à cozinha e posicionou a garrafa de leite à beira da mesa, prestes a cair? Será que essa mesma pessoa sabia que eu iria esbarrar e quebrar a garrafa? Será que tudo isso não aconteceu de forma intencional? Diante dessa situação, pensamentos como esses podem parecer absurdos, não é mesmo? No entanto, os apresentei aqui precisamente para que possamos refletir se, muitas vezes, não os reproduzimos, talvez não exatamente dessa maneira, mas de formas similares. No caso da garrafa, ela estava ali porque alguém esquecido a colocou lá; essa pessoa não é esquecida por minha causa, mas, sim, porque é uma característica dela. Talvez até seja um defeito que ela não conseguiu superar; ela é esquecida, e ponto-final. Por outro lado, eu fui desatenta ao esbarrar na garrafa, mas não posso presumir que alguém tenha feito isso por uma questão pessoal comigo. Os erros acontecem porque é da natureza humana errar; todos somos imperfeitos. Portanto, transferir responsabilidades também é um grande obstáculo para o crescimento.

Poderíamos agora nos questionar: então, por que os problemas ocorrem? A resposta é simples: viemos ao mundo para crescer. Esse é o nosso propósito, e naturalmente enfrentaremos desafios. São esses mesmos desafios que vão aprimorar nossas habilidades e características; podemos optar por crescer com eles e surgir mais fortalecidos do outro lado. A finalidade dos problemas é exatamente essa: corrigir nossas falhas em relação aos outros e à vida, permitindo-nos crescer como seres humanos.

> ***"Não se pode viver feliz se só se olha para si mesmo, quando só se pensa no interesse pessoal. É preciso viver para outrem se se quer viver para si mesmo."***
>
> **- Marco Aurélio**

Esse pensamento carrega tanta beleza e sabedoria que seria possível elaborar uma palestra inteira sobre ele; diante da dor, pode oferecer grande conforto. Quando começamos a considerar a dor do próximo, nossa própria dor diminui. Um exemplo disso é o choro: os bebês, ao sentirem algum desconforto, choram, mas se ouvem outro bebê chorando mais alto, tendem a parar momentaneamente, surpreendidos, antes de retomar o choro; é um reflexo condicionado. Em geral, a dor alheia coloca nossa própria dor em perspectiva e nos instiga a agir para aliviar essa dor, em vez de nos concentrarmos apenas em nós mesmos. A melhor ação que podemos tomar é considerar o próximo e praticar a fraternidade. Não apenas porque é nosso dever como seres humanos, mas também porque é o caminho mais fácil para encontrar a felicidade. Tudo que parece dramático em nossa vida perde sua dimensão exagerada, e não nos afogamos mais em um copo d'água. Sabe por quê? Porque nos tornamos maiores do que o problema, maiores que o próprio copo.

- **Como eu me sinto se, em tudo o que faço, procuro beneficiar outras pessoas além de mim mesmo? Qual é o efeito em minha vida da prática da fraternidade e da empatia?**

Observe os efeitos que essas atitudes produzem em você, assim como estamos atentos aos efeitos de um medicamento ao consumi-lo, devemos também estar atentos aos efeitos ao aplicarmos os ensinamentos, avalie como se sente em relação a eles. Note se experimenta maior realização, mais felicidade. Questione sobre a sensação que surge ao buscar o bem-estar dos outros. Qual é o efeito que a prática da fraternidade e empatia têm em sua vida? Registre em seu diário e descreva como é a sensação de um dia vivido com fraternidade, e outro dia vivido com empatia.

Exercícios

Agora estamos na segunda ronda. Sugiro que você faça uma ronda por semana, ou seja, realize esses exercícios ao longo de uma semana e concentre-se totalmente neles. Lembre-se de que este é um método; não é uma solução milagrosa nem a salvação definitiva, mas, sim, uma sugestão que pode ser aprimorada.

Os exercícios para esta segunda ronda são:

1. **Pensar que estou sendo visto por alguém que respeito muito. Imaginar este personagem sentado, assistindo ao filme do meu dia. Sinto-me orgulhoso ou envergonhado?**

Ao propor essa reflexão, é importante ressaltar que esse personagem é, na verdade, um símbolo de sua própria identidade, do sétimo andar, de sua consciência. Todas as pessoas que admiramos são, em última instância, símbolos de nossa própria consciência, representando o degrau mais elevado dela. Por isso, Platão afirmava a importância dos heróis, pois seus comportamentos ajudam a refletir o herói que existe dentro de nós, o ser humano pleno, o mais perfeito, ajudando a sinalizar e a nos orientar para encontrarmos nossa própria identidade. Portanto, ao nos depararmos com esse ser, nossos dias poderiam ser vistos com vergonha. Pense bem, você está diante desse ser, porque o eu completo está sempre observando você. Se você se envergonha de ser visto, é importante refletir sobre suas ações. Qual é a motivação por trás delas? Vale realmente a pena? O prazer obtido é tão significativo a ponto de justificar envergonhar aquele que você mais respeita? É uma reflexão valiosa, não é mesmo?

2. **Diante das dificuldades, imaginar que estou em uma escola e que isso é uma prova. Da minha resposta, depende a minha passagem para outra série, para um grau mais elevado.**

Imagine-se diante da prova final de matemática: se não a fizer bem, não avançará para a próxima série. Se não resolver bem esse problema, sua consciência não evoluirá para um nível mais elevado, não se aproximará do que realmente merece como ser humano. Você não estará correspondendo ao que a natureza espera de você, não estará mais apto a ajudar as pessoas ao seu redor, nem aprimorando sua consciência. Ela não progredirá para alcançar o próximo degrau, não se aproximará do sétimo andar. Este é um excelente exercício: imagine-se questionando-se dessa maneira todos os dias. Quantas práticas valiosas não poderiam ser extraídas desse questionamento diário? Se tiver paciência para isso, seria útil anotar as respostas que encontrar. É um processo, estabelecendo um diálogo consigo mesmo.

3. **Antes de tomar uma decisão, pensar: não há uma forma dessa decisão ser melhor para todos?**

Quando decido fazer o que é melhor para mim mesmo, isso é suficiente? Pode ser o melhor para os meus interesses pessoais, mas e se eu fizer algo que beneficie não apenas a mim, mas também a um número maior de pessoas? Seria melhor não só para essas pessoas, mas também para o meu crescimento espiritual, minha essência e a elevação da minha consciência para o sétimo andar. Não seria mais benéfico amplificar os efeitos das minhas decisões?

Pelo menos uma vez durante esta semana, sugiro que nos esforcemos para fazer isso em cada decisão. Se precisar correr para pegar um ônibus, em vez de correr para entrar primeiro, será que não podemos correr na direção de alguém com dificuldade de locomoção e ajudar essa pessoa a subir primeiro para que ela encontre um lugar para sentar? Dessa forma, estaremos mudando uma pequena decisão em nossa vida, alterando a maneira como nos comportamos ao chegar o ônibus, e isso já é uma prática.

Não pense que são necessárias ações espetaculares. Por exemplo, ao abrir a porta do elevador e as pessoas começarem a sair, em vez de empurrá-las para entrar, podemos esperar educadamente do lado de fora até que a última pessoa saia. Respeitar os outros é um grande exercício por si só.

Lembre-se de que um verdadeiro guerreiro não se prepara apenas durante a batalha, mas também nas pequenas circunstâncias do dia a dia. Isso já é um treinamento para desafios maiores. Pratique isso ao longo desta semana enquanto estiver vivenciando esta ronda.

ANOTAÇÕES DOS EXERCÍCIOS:

3ª Ronda: Autocontrole

Chegamos à nossa terceira ronda, e quero aproveitar este momento para lembrá-lo de que os ideais filosóficos discutidos aqui não devem ser aplicados apenas no âmbito teórico; é necessário colocá-los em prática. Ou seja, é preciso vivenciar as rondas, uma por vez. Sugiro que sejam realizadas uma por semana; ao final das quinze semanas, você poderá retornar à primeira ronda. Todos os dias, além de ler os pensamentos e reflexões que trago, faça suas próprias reflexões e, se possível, anote-as. Pratique os exercícios com constância. Se você fizer isso por um ano, há uma forte probabilidade de que incorpore essas atividades como hábito. Vá aos poucos vivenciando as rondas, por repetição e convicção.

Eu fiz um cálculo para mostrar como podemos facilmente incorporar essa prática em nosso cotidiano. Veja bem, ao repetir as 15 rondas, é muito provável que, ao final do mesmo ano, tenha incorporado diversos hábitos muito benéficos à sua rotina e se posicionado de forma mais positiva diante da vida. Em um ano, às vezes, não fazíamos absolutamente nada de produtivo, enquanto a prática das rondas exigiria em média de 10 a 15 minutos de reflexão diária. Portanto, coloque-as em prática, mantenha-se atento ao longo do dia para criar oportunidades e realizar os exercícios, e veja como esse pequeno esforço pode refletir grandes mudanças em seu modo de viver.

Continuando, vamos agora aos objetos de estudo da nossa terceira ronda: o autocontrole. Iniciaremos com uma citação de Sêneca.

> ***"O que é a felicidade? A serenidade, a calma perpétua. Só a conseguiremos se elevarmos a alma, permanecendo fielmente apegados às suas resoluções."***
>
> **- Sêneca**

Perceba que esse pensamento é muito similar aos que já vimos anteriormente. Elevar a alma e permanecer fiel e comprometido com suas resoluções trata-se de manter a consciência o mais próximo possível do estado descrito como "sétimo andar". Nesse momento, as rondas começam a se conectar e a se complementar, trazendo ainda mais consistência ao nosso entendimento.

> ***"Devemos treinar nas pequenas contrariedades a prática da serenidade interior (preparar-se para provas maiores)."***
>
> **- Epicteto**

Falamos anteriormente de forma mais aprofundada sobre esse tema, destacando a importância do treinamento diário, e não apenas quando a adversidade se apresenta.

Por fim, vamos considerar Marco Aurélio.

> ***"Se, de certo modo, a pressão das coisas exteriores te houver perturbado, retorna logo a ti e não fica fora do ritmo senão enquanto forçado. Quanto menos abandonares a cadência, melhor a dominarás. Se não és reto, retifica-te."***
>
> **- Marco Aurélio**

Perceba o que está sendo expresso aqui: quanto menos abandonar essa cadência, melhor a dominarás. Compreende o significado disso? É a aquisição de um hábito. Se você mantiver o ritmo, praticando durante todo o ano, não perdendo a constância de um ano para o outro, é provável que comece a avançar por conta própria. Ao internalizar esse pensamento como uma resposta à vida, verá que não se trata apenas de conhecimento teórico.

A prática constante e a disciplina são fundamentais para o desenvolvimento e a assimilação dos ensinamentos filosóficos. Nesse sentido, podemos agregar muitos outros aspectos a esse pensamento de Marco Aurélio. Conforme o processo clássico de aprendizagem, apenas após colocar em prática o conhecimento transmitido por um mestre (nesse caso, Marco Aurélio), alguém poderia ensiná-lo. Somente dessa forma poderia tornar-se também um mestre, um professor, alguém que transforma o ensinamento em uma profissão de fé, que vive e professa aquilo que foi aprendido, assim acrescentando sua própria dose de conhecimento.

REFLEXÕES

Vamos agora explorar individualmente cada um desses pensamentos em nossas reflexões.

Iniciamos com o pensamento de Sêneca, que sempre inaugura a série, não apenas por ser o mais antigo, mas também por sua grandiosidade. Todos os pensamentos são notáveis, porém Sêneca possui uma capacidade única de abordar os detalhes da vida, o que é verdadeiramente impressionante.

> ***"O que é a felicidade? A serenidade, a calma perpétua. Só a conseguiremos se elevarmos a alma, permanecendo fielmente apegados às suas resoluções."***
>
> **- Sêneca**

- **Quando, em nosso dia, nos sentimos realmente felizes? Sabemos realmente o que é felicidade para nós, ou só alegrias esporádicas?**

Essa é a reflexão que proponho a você. No entanto, é possível realizar várias outras, como já mencionei. Baseio-me nessa reflexão em uma experiência que vivenciei e compartilhei em muitas palestras. Durante meu período como membro da Nova Acrópole[7],

---

7 A Nova Acrópole é uma organização internacional educacional e filosófica que promove o estudo e a aplicação da filosofia prática em diversas áreas da vida. Fundada em 1957 por Jorge Angel Livraga Rizzi, a Nova Acrópole busca resgatar e promover os valores da cultura, ética e sabedoria das civilizações antigas para aplicação no mundo moderno. Suas atividades incluem cursos, palestras, *workshops* e projetos sociais, com o objetivo de promover o desenvolvimento pessoal e a transformação social através do conhecimento filosófico e humanístico.

meu professor na época, Luís Carlos[8], a quem admiro imensamente, disse-me: "Pare e pense em que momento do seu dia você esteve mais feliz?" Naquele momento, eu tinha 24 anos. No mesmo dia, participei de um *happy hour* e realizei diversas outras atividades, mas ao fechar os olhos antes de dormir, percebi que meu momento de maior felicidade foi quando estava plantando uma muda de roseira no jardim. Sentir a terra entre os dedos, cuidar daquela pequena planta com a expectativa do que poderia florescer dali. Recordo-me de pensar que aquele momento foi maravilhoso. E quanto ao *happy hour*? Bem, eu não bebo; nunca tive esse hábito. Em bares e ambientes semelhantes, geralmente, após o terceiro copo, o ambiente tornava-se insuportável para mim. Estar ali tornou-se uma tortura, mas eu estava vivenciando a tal "diversão juvenil", afinal, era o que todos faziam. Parei e questionei-me: o que realmente está sendo bom para mim? O que me diverte, o que me alegra, o que me faz feliz? Você já realizou essa experiência? Proponha-se a fazê-la. Feche os olhos antes de dormir e reflita sobre qual foi o momento mais feliz do seu dia. Assim, começará a descobrir o que verdadeiramente traz felicidade para você. Não é à toa que, às vezes, saímos de férias e voltamos completamente exaustos. Levamos meses para nos recuperarmos das próprias férias, que deveriam ser um período de descanso. Isso acontece porque escolhemos destinos "badalados" que não oferecem a calmaria necessária para quem deseja escapar das rotinas agitadas. Aqui, é evidente um padrão coletivo: mesmo necessitando de paz e tranquilidade, as pessoas optam por locais cheios de barulho e confusão. Por quê?

8 Luís Carlos Fonseca Marques é diretor presidente da Nova Acrópole Brasil, regiões Centro-Oeste, Norte e Nordeste do Brasil. Há mais de 40 anos atua como professor voluntário de filosofia, ministrando diversos cursos oferecidos regularmente pela Organização Internacional Nova Acrópole.

Porque está na moda. Todo mundo vai para esses lugares e, inadvertidamente, cedemos à decisão sobre o que nos faz feliz aos outros, seguindo um padrão.

A reflexão que propus pode parecer pequena e insignificante à primeira vista, mas para mim foi um marco de mudança. Foi uma das primeiras coisas em que refleti quando me envolvi com a Nova Acrópole. Naquela época, eu era uma garota bastante imatura, e essas reflexões começaram a provocar uma mudança em mim. De repente, veio um clique: ops, você precisa prestar mais atenção, viver não é só isso. Você precisa começar a se questionar: quem é você no meio de tudo isso? Essa simples reflexão me fez perceber a importância de conhecer a mim mesma no contexto da vida e das minhas experiências.

Continuando com a próxima reflexão.

> ***"Devemos treinar nas pequenas contrariedades a prática da serenidade interior (preparar-se para provas maiores)."***
>
> **- Epicteto**

- **Tenho tentado me controlar diante das pequenas contrariedades ou ajo por impulso?**

Nem sempre conseguimos controlar nossas ações; às vezes, deixamos o controle escapar, e o importante é sempre retomá-lo, nunca parar de tentar. Nosso dia a dia está repleto de situações que exigem autocontrole. Por exemplo, se alguém estaciona atrás de mim numa vaga no shopping, impedindo minha saída, isso é realmente desagradável. No entanto, é pouco provável que a outra pessoa esteja fazendo isso apenas para me atrasar ou impedir minha saída; pode ser um simples ato de desatenção ou mal cálculo de espaço. Se não formos capazes de desenvolver a paciência nas pequenas situações cotidianas, estaremos perdidos quando uma situação mais séria ocorrer.

No entanto, é nos momentos cotidianos que podemos treinar nossa paciência e autocontrole. Mais um exemplo, suponha que eu decida fazer uma postagem em minha rede social e receba um comentário desagradável, um "bobeirol". Muitas pessoas se importam tanto com isso que estragam seu próprio dia remoendo ou revidando. Paciência também é treino, e um bom treinamento são as pequenas coisas, até mesmo insignificantes. É nelas que desenvolvemos nosso autocontrole, que nada mais é do que não deixar que as situações nos roubem de nós mesmos. Devemos nos questionar: como pode uma coisa tão pequena como essa me roubar a mim mesmo? O que isso significa? Sou tão pequeno assim?

Além disso, ao treinarmos nas pequenas contrariedades, estaremos mais preparados para enfrentar grandes desafios. Pense comigo: se você estivesse num espetáculo e, de repente, atrás do palco surgissem labaredas de fogo que claramente não fazem parte do show, mas ninguém além de você parece perceber, o que te salvaria nesse momento? Sua lucidez. Manter o domínio da razão em um momento como esse é essencial. Imagine se sua primeira reação fosse gritar aos quatro ventos que há fogo; o desespero e o pânico das pessoas poderiam matá-las mais rápido que o próprio fogo. Mas como você encontraria uma solução que não gerasse pânico sem lucidez, se não estivesse treinado para controlar seus atos? Por isso, o treinamento é tão necessário.

> ***"Se, de certo modo, a pressão das coisas exteriores te houver perturbado, retorna logo a ti e não fica fora do ritmo senão enquanto forçado. Quanto menos abandonares a cadência, melhor a dominarás. Se não és reto, retifica-te."***
>
> **- Marco Aurélio**

Se algo me roubou de mim mesmo, se perdi o controle, como devo agir? Devemos voltar a nós mesmos rapidamente. Retornar ao trilho, respirar fundo e, se necessário, pausar por um momento para relembrarmos nossa essência e nos recolocarmos nos eixos. Um exemplo que costumo utilizar, embora simples, é extremamente eficaz para ilustrar nossa reflexão: o exemplo da barata. Imagine que pousou uma barata em seu braço, mas não qualquer barata, aquelas grandes e cascudas, e para piorar, com asas! Certamente são as piores que existem no mundo, o que me faz lembrar daquele ditado popular que diz que Deus não dá asas a cobras, mas deu asas às baratas, o que parece igualmente ruim.

Voltando ao nosso exercício de imaginação, pense que uma dessas está pousada em seu braço. O que você faria? Diria: "Ah, tudo bem, daqui a pouco eu tiro ela daqui!" Me pergunto que tipo de pessoa faria isso. O mais comum é soltar um grito de susto e se debater para tirar o inseto da pele. Assim como as coisas que tocam nossa pele, são as coisas que comprometem nossa integridade como seres humanos, não se pode deixar a resolução para depois. É incômodo, intolerável, precisa ser resolvido agora. Afinal, uma barata não será capaz de causar um milésimo do mal que um ato de descontrole é capaz. Quem de nós (e não me excluo) já não perdeu grandes coisas na vida por não ter sabido segurar as rédeas de si próprio a tempo? Quantas portas já não se fecharam? Quantas oportunidades não ficaram para trás devido a atitudes equivocadas? Portanto, treinar o autocontrole é extremamente vital para sabermos dominar nossos impulsos no momento certo e, então, retomar o trilho. Treine com pequenas atitudes; acredite, é possível fazer isso e, assim, fortalecer a musculatura da sua vontade. Como complementa Marco Aurélio, se não és reto, retifica-te; hás de ser reto ou retificado. Ou seja, se percebemos algo torto, desigual, devemos consertá-lo na hora, não deixar para depois.

A reflexão que proponho sobre esse pensamento é a seguinte:

- **Já parei para observar as coisas que me colocam "fora de mim" e por que razão elas conseguem isso?**

Para materializarmos melhor essa reflexão, vamos a mais um exemplo: percebo que para muitas pessoas o trânsito é o seu inferno astral. Aquela pessoa pacífica, maravilhosa, por vezes entra no carro e se transforma em alguém completamente desequilibrado, sem senso coletivo e tomado por uma impaciência sem limites. Alguém que não apresenta qualquer semelhança com a pessoa que costuma ser fora desse ambiente. Bom, vemos aí um bom espaço para desenvolvimento. Essa pessoa deve analisar o que acontece no trânsito que a faz se deixar levar por um breve momento de cólera, que a faz abdicar de sua própria identidade, sua essência por um momento de explosão. Muitas vezes, percebo e confesso que talvez seja apenas uma percepção pessoal, que quando estamos de "cara limpa", sem armaduras ou disfarces, diante do outro, nosso nível de autocontrole é maior. Quando entramos atrás de uma "máscara de ferro", nesse caso o carro, temos a enganosa impressão de que não estamos sendo vistos ou julgados, então podemos nos transformar verdadeiramente em monstros. Os números referentes à violência no trânsito corroboram essa ideia, indicando que ou o indivíduo em questão realmente não se importa em agir de forma animalesca em relação ao outro, ou simplesmente usa uma máscara que não reflete sua verdadeira identidade. Só se aprende a valorizar o autocontrole e a se orgulhar do próprio comportamento quando se é ponderado e humano.

Nessa situação, o indivíduo deve permanecer ainda mais atento quando estiver no trânsito, especialmente em meio ao tráfego intenso, no qual as pessoas ao redor, também descontroladas, acabam fechando outros carros e se empurrando. A atenção redobrada é necessária para que, um dia, diante dessa mesma situação, ela não seja capaz de roubar-lhe a si mesmo. Em algum momento, essa mesma pessoa será capaz de atravessar um trânsito violento e chegar ao outro lado com toda a dignidade. No entanto, para que isso aconteça, não se pode permitir ser derrotado e adotar um comportamento apático diante da situação, dizendo: "O trânsito não tem jeito!". Começar a treinar a atenção nessa situação significa estar alerta para tudo aquilo que pode desviá-lo de seu caminho.

Para algumas pessoas, a falta de controle está associada ao futebol, tanto ao assistir quanto ao jogar. Às vezes, ao participar de uma partida, a pessoa que normalmente é pacífica até o âmago de sua alma se transforma completamente no oposto. É importante ressaltar que manter o autocontrole não é uma tarefa fácil, mas, sem dúvida, não é impossível, especialmente quando se tem um plano para lidar com situações que provocam essa perda de controle. É possível enfrentar momentos de verdadeiro caos mantendo a dignidade, assim como é possível trazê-la para dentro do campo em uma partida de futebol. Dessa forma, pode-se avaliar se essa pessoa realmente mantém sua integridade ou se trata apenas de uma máscara social.

Para continuarmos a explorar esse mesmo pensamento de Marco Aurélio, proponho uma reflexão adicional:

- **Se estou pintando um quadro, esculpindo uma estátua ou mesmo escrevendo um texto, sempre busco ajustes para melhorá-los. Já considerei que posso fazer o mesmo em relação a mim mesmo, em minha vida?**

O desejo de retificar-se, como citado por Marco Aurélio, nos lembra de que, uma vez que não somos perfeitos e nenhum de nós é, é sempre possível melhorar em nossas atividades diárias, sejam elas quais forem, de modo a nos aproximarmos cada vez mais daquilo que consideramos ideal. Recordo-me de como minha mãe tratava o ato de cozinhar como um ritual, especialmente aos domingos. Após preparar a refeição, ela percorria a casa, perguntando a cada membro da família o que achavam da comida. No entanto, ela não se contentava com respostas simples; uma única palavra a deixava furiosa, e ela logo iniciava um verdadeiro interrogatório, dizendo: "Mas como assim? Estava bom? Você achou que a quantidade de sal no feijão foi suficiente? E quanto ao tempero na salada, notou alguma diferença?". O feijão, em particular, era seu orgulho. Almoçávamos atentos, cientes de que um verdadeiro questionário seguiria após a refeição. E por quê? Porque ela desejava que a comida do próximo domingo fosse ainda melhor. É interessante como muitos de nós agimos da mesma forma em relação a uma área ou atividade em nossas vidas, então por que não fazemos o mesmo em relação a nós mesmos? Observe que não é necessário realizar um questionário para os outros, pois isso pode nos dar fama de chatos. No entanto, ao nos observarmos, podemos perceber como podemos refinar algumas atitudes e comportamentos, polindo algumas arestas. Isso é exatamente o que Marco Aurélio nos ensina sobre retificar-nos a cada dia de nossas vidas.

EXERCÍCIOS

Seguindo, vamos para os exercícios da terceira ronda. São exercícios para você realizar durante a semana dessa ronda, focados no desenvolvimento do autocontrole.

1. **Pensar, à noite, sobre o que me fez feliz durante o dia e anotar. Fazer por três dias seguidos, pelo menos. Isso permite que você se descubra, no meio das coisas que faz só porque todo mundo faz.**

Comece a fazer anotações como se estivesse conhecendo uma pessoa estranha. Observe quando essa pessoa sorri e tente entender o que a fez sorrir. Descubra seus gostos, aprenda sobre o que a diverte, do que ela gosta, e anote tudo. Dessa forma, estará se conhecendo melhor, identificando as coisas que proporcionam uma verdadeira felicidade, não apenas alegrias passageiras ou superficiais. Às vezes, nos alegramos com o fracasso, o ridículo ou o erro dos outros, mas isso não é verdadeira alegria humana. Vá explorando gradualmente a si mesmo e descubra o que realmente lhe traz felicidade genuína, o que o faz sentir-se bem. Iniciar o mapeamento de sua verdadeira identidade é dar um passo crucial em direção ao conhecimento de si mesmo[9], um ponto de partida fundamental para a transformação pessoal.

2. **Programar-se, uma vez por semana, para fazer coisas muito simples e pequenas: brincar com cachorros, plantar uma muda no jardim, conversar com uma criança. Perceber, à noite, que resultado isso produziu em você.**

Nós, seres humanos, tendemos a considerar as coisas pequenas como banalidades. Na maioria das vezes, são apenas nossas distrações. Olhamos para trás e percebemos que passamos um ano inteiro estressados por causa de um problema que, agora, dez anos depois, não tem mais importância alguma. Mas a roseira que floresceu no meu jardim naquele ano, nem sequer vi de que cor era. O animalzinho que eu tinha não recebeu um único carinho. Não conversei com uma criança, não brinquei, não me sentei no chão, não andei descalço na grama, não prestei aten-

9 A frase "conhece-te a ti mesmo" é uma expressão famosa, atribuída ao filósofo grego Sócrates. Essa expressão resume um princípio fundamental da filosofia socrática e é frequentemente citada como um lembrete para a importância da autoconsciência e da autorreflexão. Significa que é essencial para uma pessoa compreender a si mesma, suas próprias características, limitações, desejos e valores, a fim de alcançar uma vida mais significativa e autêntica.

ção à vida, não observei o nascer nem o pôr do sol. Esses pequenos eventos cotidianos são reais, muito mais reais do que os problemas que me preocuparam tanto e que, no final das contas, sequer me lembro.

Fico imaginando se hoje fosse o meu último dia de vida. Honestamente, acredito que o que mais me doeria seria perder o nascer e o pôr do sol. Não há descrição para o impacto que essa cerimônia da natureza pode causar em nós. Uma vez, estive na floresta amazônica e pude testemunhar o nascer do sol na linha do horizonte, separando o céu do rio. Fiquei profundamente impressionada com a euforia dos animais na floresta, como se soubessem que aquilo era verdadeiramente um espetáculo da natureza.

Assim, este exercício nos convida a parar pelo menos uma vez por semana para prestar atenção em todas essas coisas que parecem pequenas, mas que não são. Elas têm um significado profundo e nos ensinam sobre a simplicidade da vida, sobre o ato de irradiar luz sem distinção. A natureza, com seus múltiplos elementos, nos oferece muitos ensinamentos. Um jardim, por exemplo, abriga uma grande diversidade de espécies vegetais que coexistem em perfeita harmonia. Além disso, essas plantas dão seus frutos ciclicamente, sem pedir nada em troca, muito menos perguntar quem somos nós para merecê-los. Os animais também refletem essa pureza, muitas vezes oferecendo carinho mesmo quando somos rudes com eles.

Dessa forma, fazer este exercício nos permite conectar-nos mais profundamente com a natureza e com nós mesmos, colhendo, assim, muitos frutos em nosso caminho.

3. **Reparar no canto dos pássaros, de vez em quando, ao longo do dia.**

Quando ouvimos os cantos dos pássaros, podemos pensar sobre como os detalhes simples da natureza são importantes. Cada tipo de pássaro tem um som único, como o bem-te-vi, o sabiá ou o tiziu. Esses sons juntos são como uma música, em que cada pássaro é um instrumento. Se algum deles estiver ausente, sentimos falta, como se faltasse algo na música.

Mesmo que pareça pequeno, prestar atenção nos pássaros nos ajuda a apreciar a vida de uma forma mais profunda. Devemos valorizar esses momentos simples, pois eles podem fazer uma grande diferença em nosso dia a dia. Essa prática nos conecta com a beleza da natureza e nos traz um senso de paz e harmonia.

ANOTAÇÕES DOS EXERCÍCIOS:

4ª Ronda: Discernimento

A quarta ronda tratará do discernimento, representando assim a quarta semana de aplicação da nossa agenda estoica. Independentemente do momento em que você está lendo este livro, cada período é uma oportunidade valiosa para abraçar esta agenda e colher os benefícios deste programa de enriquecimento da alma.

Para iniciar a ronda, temos este interessante pensamento de Sêneca.

> ***"Uma das causas de nossos infortúnios é que vivemos seguindo o exemplo de outro: não nos regramos pela razão, mas nos deixamos levar pelos costumes. Nós nos recusamos a adotar, por nossa conta, um costume adotado por um punhado de gente; a moda se generaliza tanto que nós a seguimos, como se qualidade fosse sinônimo de quantidade. Achamos que uma rua sem saída é o reto caminho, simplesmente porque muitos a seguem."***
>
> **- Sêneca**

Esse pensamento nos leva a diversas reflexões. Há uma expressão popular que costumo usar e que se relaciona diretamente com ele: "é preferível ir com a multidão para o abismo do que se salvar sozinho". Essa expressão apenas reforça que quando seguimos o que todos estão fazendo, sentimos uma maior segurança. Afinal, se todos estão fazendo, deve estar correto.

Entretanto, isso se encaixa na lei do menor esforço, que nada mais é do que pura preguiça! Preguiça de construir nossa própria jornada e de assumir o controle de nossas vidas, usando nosso próprio discernimento. Quando vivemos em comunidade, é comum sermos arrastados a tomar ações que, sozinhos, nunca tomaríamos. Mas, como aparentemente todos estão fazendo a mesma escolha, isso acaba nos parecendo a melhor opção. No entanto, sabemos que o senso comum nem sempre está correto. Na história, há inúmeras provas disso, como a Inquisição, o Nazismo e tantos outros momentos nefastos. Desde quando o que todos estão fazendo é garantia de que algo dará certo? Onde isso já aconteceu na história? Quando agimos assim, será que não estamos depositando nossas fichas na ideia errada?

Seguindo o raciocínio de Epicteto...

> ***"Desconfie das convenções sociais; o novo não é necessariamente bom. Apoie apenas aquilo que tem sentido de justiça, humanidade, bondade."***
>
> **- Epicteto**

Acho esse trecho da frase bastante interessante: "o novo não é necessariamente bom". Vejo muito disso no dia a dia, especialmente na mídia, que está sempre incentivando a inovação no trabalho e em outras áreas. Mas devemos lembrar que só porque algo é novo não significa que seja necessariamente melhor. Antes de fazer qualquer mudança, é importante ter certeza de que o novo é realmente uma melhoria em relação ao que já temos. Se tivermos dúvidas, talvez seja melhor não mudar.

Vamos pensar em uma pessoa que está tentando alcançar o topo de uma montanha. Desde o início, ela é ensinada a seguir o lema "sempre um passo novo, sempre avançando". Isso a impulsiona a subir, mas quando finalmente chega ao topo, não consegue mais parar, porque está acostumada a seguir sempre adiante. Ao começar a descer, ela perde tudo o que conquistou. Muitas pessoas agem assim. Se não há necessidade de mudança, por que mudar?

Às vezes, encontramos valores sólidos transmitidos pelos nossos pais, que são sensatos e prudentes. Apesar de algumas vozes incentivarem constantemente a mudança, logo percebemos que, ao seguir esse conselho cegamente, muitas vezes adotamos ideias prejudiciais e desperdiçamos tempo valioso que poderia ser melhor empregado se tivéssemos ouvido os mais velhos. Quantas vezes na história vemos grandes homens serem ignorados por seus próprios filhos, como foi o caso de Marco Aurélio, cujo filho não reconheceu seu valor. Às vezes, queremos descartar o antigo simplesmente por ser antigo, sem avaliar se realmente é inadequado. O novo é sempre benéfico? Devemos ter cautela, pois nem sempre o novo é melhor. Essa mentalidade é apenas um modismo. É importante fazer escolhas ponderadas e proteger nossa capacidade de raciocínio, pois ela será nossa guia.

Logo adiante, vamos contemplar um pensamento de Marco Aurélio abordando essa mesma questão.

> ***"Caso alguém me convença, prove que penso ou procedo erradamente, tratarei de corrigir-me, já que busco a verdade, que nunca fez mal a ninguém. Mas quem persiste no erro e na ignorância faz mal a si mesmo."***
>
> **- Marco Aurélio**

Há uma passagem de Sócrates [10], um diálogo platônico, o "Górgias" [11], que é um dos meus favoritos. Sócrates coloca Cálicles contra a parede, Cálicles era um sofista. Ele profere tantas insanidades que acaba ficando apavorado e querendo fugir. Sócrates então vira para ele e diz: "Não fuja, meu amigo. Porque se você me convencer, a mim e a este grupo, de que sua posição é verdadeira, amanhã você me verá na rua vivendo sua posição". Confesso que invejo um pouco essa atitude, a capacidade de chegar para alguém e dizer que, se conseguirem me provar que seu ponto de vista é mais humanista, mais nobre para a humanidade, que conduz a humanidade a uma condição de maior fraternidade e de valores, amanhã me encontrarão na rua, vivendo seu ponto de vista. Porque não quero provar que minha personalidade é superior à sua. Quero aperfeiçoar minha personalidade. Portanto, se chegar à conclusão de que seu ponto de vista é melhor que o meu, amanhã mesmo o viverei. Imagino como seria ter essa sustentação moral para dizer isso com honestidade e seriedade. Acho verdadeiramente impecável. Uma inspiração excelente.

REFLEXÕES

Como de costume, vamos agora adentrar às reflexões e mais uma vez começaremos com Sêneca.

---

10 Sócrates foi um filósofo grego clássico, considerado um dos fundadores da filosofia ocidental. Ele viveu em Atenas entre 469 a.C. e 399 a.C. Sócrates é mais conhecido pelo seu método de investigação filosófica, que envolvia fazer perguntas para estimular o pensamento crítico e a auto-reflexão, um método que hoje conhecemos como "método socrático".

11 Górgias é um dos diálogos escritos por Platão, em que Sócrates é o personagem principal. Nesse diálogo, Sócrates debate com o sofista Górgias e outros interlocutores sobre temas como a retórica, a justiça, o poder e a ética. O diálogo é uma crítica à retórica sofística e uma defesa da filosofia como uma prática voltada para a busca da verdade e da virtude.

> ***"Uma das causas de nossos infortúnios é que vivemos seguindo o exemplo de outro: não nos regramos pela razão, mas nos deixamos levar pelos costumes. Nós nos recusamos a adotar, por nossa conta, um costume adotado por um punhado de gente; a moda se generaliza tanto que nós a seguimos, como se qualidade fosse sinônimo de quantidade. Achamos que uma rua sem saída é o reto caminho, simplesmente porque muitos a seguem."***
>
> **- Sêneca**

A respeito desse pensamento, sugiro a seguinte reflexão:

- **Eu já me senti discriminado porque as pessoas me julgaram superficialmente, rotularam-me de acordo com o que todo mundo pensa? Já parei para analisar se não faço isso com os demais também?**

Quando alguém é discriminado por não se enquadrar em um padrão, ou seja, por não pensar como todo mundo, não se vestir como todo mundo, ou não fazer o que todo mundo faz, é agradável sentir-se como vítima? Ou isso causa um sentimento de invasão da privacidade, da liberdade, do respeito e da dignidade? Se você já se viu no papel de vítima, reflita para evitar tornar-se o algoz. Considere se você não está causando isso a alguém. Ao seguir a moda, você se torna executor dela.

- **Na história, já houve muitos momentos em que uma multidão ficou dominada pelo ódio e fez coisas**

terríveis. Se eu estivesse no meio deles, se eles fossem amigos ou conhecidos meus, eu também faria o mesmo, só para "seguir o grupo"?

Às vezes, pessoas comuns, como pais de família, se deparam com um ladrão que roubou a carteira de alguém na rua. Essas pessoas se reúnem e, impulsionadas por um senso de justiça própria, lincham o criminoso até a morte. Entre elas, há indivíduos que em suas vidas cotidianas não são agressivos, são pessoas normais, mas são envolvidos pela mentalidade coletiva do momento, perdendo o bom senso. Isso ocorre porque se deixam levar pela influência do grupo. Se eu estivesse no meio dessa situação, eu seria capaz de manter minha consciência e individualidade intactas? Seria eu também suscetível a seguir a maré? Em geral, não conheço casos em que alguém tenha seguido a multidão e tenha realizado um grande ato de fraternidade, a maioria simplesmente segue o fluxo. A tendência é que, ao se deixar levar pela correnteza, se chegue apenas ao fundo, e não ao topo. Portanto, é preciso cautela. O que eu faria em uma situação como essa? Seria capaz de preservar minha individualidade em meio à situação? Conseguiria manter-me lúcido e fiel aos meus valores?

- **Eu gosto quando meus filhos fazem a mesma coisa que todos os jovens da idade deles fazem?**

Se ainda não passou pela experiência de gerar e criar um filho, faça este exercício com ainda mais imaginação. Pense se realmente gostaria que, ao chegarem à adolescência, eles esquecessem das lições e valores que lhes foram ensinados. Gostaria que começassem a ter um comportamento estranho e irracional, apenas porque os amigos deles estão agindo assim? Ou preferiria que seus filhos preservassem sua individualidade? Nesse caso, devo me questionar então se posso exigir isso deles se não preservo a minha, se eu sou uma marionete nas mãos do pensamento coletivo? Isso é uma questão de coerência e responsabilidade, não apenas por nós mesmos, mas por todos aqueles que necessitam do nosso exemplo.

> ***"Desconfie das convenções sociais; o novo não é necessariamente bom. Apoie apenas aquilo que tem sentido de justiça, humanidade, bondade."***
>
> **- Epicteto**

Façamos as seguintes reflexões sobre esse pensamento de Epicteto:

- **Diante de uma calúnia contra alguém na internet ou na imprensa, eu paro para analisar se isso é verdade ou não? Procuro recordar-me de que, inúmeras vezes, essas notícias já se mostraram falsas e injustas?**

Imagine que, de repente, todos começaram a falar mal de alguém. Eu decidiria analisar o outro lado? Ouviria como essa pessoa se defende, o que ela diz, como justifica seus atos, e o que realmente aconteceu? Será que não me deixo levar pela corrente e começo a julgar também? Quem somos nós em meio a uma situação como essa? Seremos apenas mais uma voz na multidão difamando alguém na internet ou na imprensa?

Faço uma pausa para ponderar se o que está sendo dito é verdadeiro ou não, ou estou simplesmente seguindo o fluxo? Consigo parar e dizer: espera aí, vamos ouvir o outro lado, vamos conhecer as duas versões da história. Todos nós sabemos que muitas vezes esses julgamentos são injustos. Na verdade, isso é bastante comum. A história nem sempre é tão simples como parece; há muitos aspectos que a sede de justiça das pessoas ignora ao contar os fatos. Para tornar a situação ainda mais dramática, há muitos detalhes que são deixados de lado.

Às vezes, a pessoa em questão é completamente inocente; todos nós já ouvimos sobre casos assim, em que ela é até vítima. Um incidente como esse, do qual eu tenho conhecimento, seria suficiente para me fazer agir de forma diferente no futuro? Se uma injustiça já ocorreu, não devemos permitir que aconteça novamente. Em cada situação que se apresentar, seja calúnia, difamação, seja através da mídia, devo me recusar a seguir a correnteza; parar e ouvir o outro lado, ou, se não for possível, esperar. O tempo trará à tona a verdade, e não tomarei posição sem fundamentos, apenas para alimentar o ódio coletivo. Isso é a pior coisa que podemos fazer a um ser humano: apoiar o ódio. Quando alguém está afundando, e você se junta a ele, ambos afundam ainda mais rápido, porque você adiciona seu próprio peso. Sempre enfatizo o seguinte: para subir, ofereça apoio; para descer, deixe que façam sozinho. Posso não me apoiar em alguém que está caindo. Se alguém está propagando discurso de ódio, basta não me juntar a ele no abismo.

O mínimo que podemos fazer é manter a nossa integridade e aguardar que o tempo revele a verdade. O ódio não acrescenta nada, não muda nada; pelo contrário, só aumenta a divisão. Faço um desafio a todos formalmente: será que há algum momento na história da humanidade em que o ódio tenha trazido algo positivo a alguém? O ódio não é justiça; são duas coisas completamente diferentes.

Portanto, o convido a refletir se tem agido assim. Isso é o que chamam hoje de cultura do cancelamento. Está vitimando pessoas inocentes, em meio a uma onda de calúnia que, de repente, pode destruir suas vidas. Ainda assim, temos buscado manter nossa individualidade nesse contexto?

- **Eu tenho um referencial interno de valores para medir se as pessoas estão agindo de forma sensata ou não?**

Reflita comigo. Meu propósito como ser humano é encontrar o sentido da minha vida, e meus referenciais são os meus valores. Portanto, devo me questionar: qual é o sentido da minha vida? Como posso chegar ao final desta existência sendo mais justo e mais fraterno do que sou hoje? Ao fazer esses questionamentos, torna-se mais claro para mim saber quando apoiar ou não uma atitude, pois irei avaliar se esse apoio me aproxima ou não dos meus referenciais. Essa atitude em questão, se me afasta dos meus referenciais, pode ser considerada uma ação lúcida?

O ato da decisão, às vezes, gera tanta emoção que nos contagia. No entanto, ao sair desse contexto e observar a situação de fora, comparando-a com o meu sentido de vida, baseado em meus valores, consigo avaliar claramente se uma determinada atitude se alinha com a busca real do sentido de vida, pois, como sabemos, justiça e fraternidade são valores bons para todos e não estariam ligados a atitudes insensatas. Ter um sentido de vida nos permite ter discernimento; o que nos leva a ele gera o bem, o que nos afasta, não.

Devemos questionar se temos tal capacidade de discernimento ou se somos contaminados pela cólera, pelo ódio dos demais, o que, na realidade, é mais fácil de nos contaminar do que a alegria e a euforia, mesmo que a euforia também tenha uma boa possibilidade de contágio até se tornar também prejudicial.

Por fim, vamos ao último pensamento desta ronda, de Marco Aurélio:

> ***"Caso alguém me convença, prove que penso ou procedo erradamente, tratarei de corrigir-me, já que busco a verdade, que nunca fez mal a ninguém. Mas quem persiste no erro e na ignorância faz mal a si mesmo."***
>
> **- Marco Aurélio**

Aqui está a minha proposta de reflexão para esse importante pensamento de Marco Aurélio:

- **Eu aceito bem quando alguém me mostra que agi mal ou fui injusto? Tenho coragem de me desculpar e refazer o caminho?**

Quando percebemos que alguém de quem gostamos muito está agindo de forma errada, nosso primeiro impulso é querer ajudar, correto? Mas também pensamos: e se eu a ajudar, orientá-la, ou alertá-la para isso, como será recebido? Às vezes, a reação da pessoa é tão negativa que precisamos deixá-la continuar indo em direção ao abismo, pois não aceita ser corrigida. Portanto, por mais que os amigos a amem e queiram ajudá-la, eles não têm esse poder, uma vez que essa pessoa não aceita ser corrigida. Será que também sou uma dessas pessoas? Ou eu aprecio quando pessoas bem-intencionadas, com carinho, me dizem: "Olha, determinada atitude sua não ficou bem! Não parece um comportamento natural seu, não se relaciona com seus propósitos, seu sentido de vida". Tenho capacidade de receber e lidar bem com esse tipo de apontamento?

- **Quando me perco em uma estrada, continuo na direção errada só para não admitir que cometi um erro?**

Voltando a mais um exemplo cotidiano, quando estamos indo a um lugar pela primeira vez e percebemos que pegamos o caminho errado, qual é a atitude mais lógica? Certamente é buscar o endereço em um aplicativo de GPS, ou em um mapa *online*. Se não funcionar, provavelmente ligar para alguém, enfim, resolver a situação, ou voltar até o ponto onde houve uma encruzilhada e tentar, dessa vez, pegar o caminho certo, concorda? Isso porque quando percebo o erro, não continuo nele. Automaticamente, uso todos os meus recursos para me retificar, porque se não o fizer, não chegarei ao destino para onde estou indo. Não faria sentido pensar: ah, eu errei, agora deixa para lá, agora vou ficar nessa estrada. Parece insano, porque de fato é, mas também é assim na estrada da vida. Devemos avaliar se, quando percebemos que estamos errando, procuramos nos retificar ou permanecemos no erro? Afinal de contas, se permanecer no erro, você não chegará ao local que devia chegar. Não irá àquela festa de aniversário, aquele casamento, aquela formatura, onde você é esperado. Assim, tampouco vai chegar ao seu sentido de vida. O ser humano que você sonha ser também não vai se materializar. Apenas se tiver coragem de se corrigir no meio do caminho, seja qual for o quanto já tenha trilhado na direção errada, ainda que não chegue ao destino final, pelo menos terá chegado um pouco mais perto dele, se você se corrigir e começar a caminhar na direção correta.

EXERCÍCIOS

Para concluir, vamos aos exercícios desta etapa.

1. **Quando meus amigos criticam alguém, terei coragem de me calar e não incentivar uma coisa que não sei se é verdade?**

Imagine qual seria sua reação diante de uma situação como essa. Se tivesse intimidade suficiente com essas pessoas, você se posicionaria? Questionaria se os demais conhecem o outro lado da história? Se julgasse que não seria bem recebido, simplesmente se calaria e se afastaria? Participaria daquilo que acha injusto?

Lembre-se de que um conjunto de palpites mal fundamentados se torna sádico. Acaba por massacrar uma pessoa até o fim, sem dar nenhuma chance de redenção. Reflita se você participaria disso. Uma vez que toda crítica mal fundamentada esconde, por trás de si, uma espécie de sadismo de querer dizimar o outro até o último ato.

2. **Quando tentarem me fazer odiar alguém, vou perguntar honestamente se o que sei dessa pessoa justifica tal atitude.**

Quando você ouve algo sobre outra pessoa, costuma parar para refletir no que realmente sabe sobre ela? E o que sabe fundamenta um sentimento tão grave ou tão nocivo quanto o ódio? Inclusive, é importante se atentar para o fato de que o ódio não irá ajudá-lo em nada, muito pelo contrário, só trará malefícios a si mesmo. Portanto, é preciso avaliar se aquilo que sei é suficiente para causar esse tipo de sentimento. Faça esse questionamento e certamente levará essa experiência como um marco em sua vida.

3. **Cada vez que algum defeito de alguma pessoa for destacado, em uma conversa, vou pensar: se fosse um defeito de um filho meu, eu gostaria que dissessem isso?**

Como sabem, a filosofia exige uma boa dose de imaginação e com esse exercício não será diferente. Imagine-se diante de outras pessoas debochando de uma tarefa realizada por seu filho, mesmo sabendo que foi a primeira vez dele executando tal atividade. É evidente que, por falta de experiência, ele não se saiu bem. Será que gostaria disso? Seria justo? Certamente, não. Eu desejo que as pessoas tenham compaixão e digam: "Tudo bem, foi a primeira vez, e não foi tão ruim assim". Provavelmente, você concorda que gostaria que seu filho fosse tratado dessa maneira. Então, por que não posso estender esse sentimento para toda a humanidade? Todos os seres humanos têm pais e mães que sofrem quando são ridicularizados, quando suas esperanças são mortas, quando são aniquiladas suas possibilidades. Não posso me colocar no lugar desses pais e mães? Se não gosto quando crueldades são praticadas, não devo alimentar esse tipo de atitude. Afinal, o que não desejo a mim ou ao meu filho, não posso desejar ao próximo.

ANOTAÇÕES DOS EXERCÍCIOS:

5ª Ronda: Saber amar

Estamos prestes a iniciar a quinta semana do nosso programa estoico de aperfeiçoamento pessoal. Antes de prosseguirmos, porém, é essencial reservarmos um momento para uma reflexão ponderada. Como filósofa, deixo claro que não estou aqui para vender soluções miraculosas ou remédios mágicos. Este programa é simplesmente uma oportunidade para incorporar reflexões filosóficas em nossas vidas, algo acessível a qualquer pessoa. Minha contribuição consiste em sugerir reflexões a partir da lente da filosofia.

Ao término deste livro, abordarei este assunto mais detalhadamente, incentivando a autonomia para adicionar novos pensamentos a esta jornada. Contudo, é fundamental que cada pensamento inserido seja acompanhado de reflexões e exercícios, seguindo o fluxo completo para garantir sua eficácia e resultados reais. O programa pode evoluir com novas experiências, as quais você transforma em exercícios e incorpora em cada etapa. Este é um fundamento para construir uma disciplina de vida pautada na reflexão e transformação da forma como interagimos com o mundo e reagimos diante dos desafios. É um processo de incorporar novos valores à nossa conduta.

Acredito que este programa pode ser incrivelmente eficaz se você se dedicar a praticá-lo, mas ressalto que é um processo gradual. O valor que você atribui a ele ao vivenciá-lo é uma questão pessoal, mas é importante destacar que não se trata apenas de teoria, tampouco existe uma fórmula mágica. Não é um salvador de vidas, mas, sim, um guia que oferece sugestões de reflexão e vivências para que, ao final do ano, você possa ter adotado novos hábitos saudáveis, incorporados ao seu modo de viver.

Como mencionei anteriormente, minha área de estudo é a filosofia, portanto não desenvolvi este material com objetivos terapêuticos, tampouco prometo transformações mágicas. Com esse ponto esclarecido, é hora de retomarmos nossa jornada. Vamos em frente?

Nossa quinta ronda terá como tema central o saber amar, um assunto de grande relevância. Iniciaremos com uma reflexão de Epicteto.

> ***"Sentir compaixão pela falta de discernimento e de serenidade dos malfeitores. Ódio e revolta contra os mesmos reforçam o que fizeram, e não combatem."***
>
> **- Epicteto**

Já ocorreram diversos casos em que uma pessoa cometeu um crime e outra, sem qualquer ligação com o incidente, sentiu-se compelida a atravessar o país para chegar até o muro da casa desse criminoso e pintar diversos xingamentos, expressando sua indignação. Observem bem: o que esse criminoso fez? Cometeu um crime, um ato passível de punição judicial, e certamente estava motivado pelo ódio quando o cometeu. E o que essa segunda pessoa fez ao atravessar o país? Também agiu movida pelo ódio.

Portanto, quando alguém age com ódio e é respondido com ódio, haverá combate ou reforço desse sentimento? Percebam que daí surge aquele princípio universal de que o ódio se combate com amor, por uma razão simples: os dois combatentes precisam ser diferentes, pois se ambos trabalham pela mesma coisa, não vão combater, vão se aliar. Isso não é primário. Eu combato alguém, por quê? Porque quero defender o meu ponto de vista e ele quer defender o dele, ou seja, temos opiniões opostas. Se ambos pensamos da mesma forma, não vamos nos confrontar. Se alguém age com ódio e você responde com ódio, não há combate. Não se está agregando valor ao outro, mas indo na mesma direção.

Esse é um ponto que proporciona muitos aspectos para reflexão e, a partir dessas reflexões, podemos mudar radicalmente nossa conduta.

Continuaremos com o segundo e o terceiro pensamento, ambos de Marco Aurélio.

> ***"Ajusta-te às coisas que a sorte te traz. Ama, mas com amor verdadeiro, os homens com quem tens que viver."***
>
> **- Marco Aurélio**

> ***"Amar até os que o ofendem é dado ao homem. Tu também o conseguirás, se jamais esqueceres de que são teus parentes. Pois que erram por ignorância e involuntariamente. Assim como tu, logo eles morrerão. Acima de tudo, pensa em que não te fazem mal, pois não pioram tua alma."***
>
> **- Marco Aurélio**

Vamos nos aprofundar nesses dois pensamentos de uma vez só. Mais uma vez, peço que faça o exercício da imaginação. Caso esse exemplo não seja palpável para você, pense que você tem filhos e que eles são muito amados. Essa é uma experiência tão transformadora que se torna perfeita para explorarmos vários pontos de reflexão, por isso é tão utilizada neste livro.

Imagine que, por mais maravilhosos que seus filhos sejam, na passagem por aquela terrível fase da adolescência, tenham dito algo desagradável a você. Talvez tenham se revoltado por querer fazer as coisas do jeito deles. Mesmo que fosse uma grande bobagem, você os odiaria por isso? Imagino que você tenha pensado: não! Afinal, é meu filho. Isso significa que você daria chances ao seu filho, mesmo que ele o ofendesse, você continuaria o amando, correto?

Sendo assim, por que não damos essa mesma chance ao outro? Não é um problema sermos ofendidos; o problema está naquele que nos ofende. Se é meu filho, posso dar a ele a chance de melhorar e continuar o amando apesar de tudo, mas se é outra pessoa, não. E se você considerasse essa outra pessoa como sendo seu filho, as coisas não mudariam? E será que, de fato, a humanidade não é toda ela uma grande família?

Nosso passado está repleto de tradições que nos contam que é um engano, uma ilusão, acharmos que somos realmente separados uns dos outros. A ciência já comprovou que todos nós surgimos da mesma ascendência, que sobreviveu às adversidades da época e, partindo do mesmo destino, se espalhou pelo mundo para povoar toda a humanidade.

Recentemente, tive uma experiência muito interessante, algo que nunca havia parado para pensar antes. Uma parente próxima decidiu montar sua árvore genealógica. Até uma certa geração, fiquei impressionada ao ver a quantidade de antepassados que tenho, espalhados por todos os cantos do mundo. Isso me fez questionar: como podemos dizer se uma pessoa faz parte ou não da nossa família? Parece ser uma distinção bastante arbitrária. Qual é, afinal, o tamanho da nossa família? É tão grande quanto nosso egoísmo. Se considerarmos os laços sanguíneos, abraçamos a humanidade inteira. Se considerarmos os laços morais, psicológicos e espirituais, novamente abraçamos a humanidade inteira. Apenas nossos preconceitos nos fazem acreditar que nossa família se resume a meia dúzia de pessoas. Todos os outros argumentos apontam em direção contrária.

REFLEXÕES

Seguindo nossa rotina, vamos iniciar nossas reflexões, começando com Epicteto.

> ***"Sentir compaixão pela falta de discernimento e de serenidade dos malfeitores. Ódio e revolta contra os mesmos reforçam o que fizeram, e não combatem."***
>
> **- Epicteto**

- **Cada pessoa que pratica uma violência foi escravizada pelo ódio e pela cólera. Quando eu o odeio e sou violento com ele, eu faço algo de bom ou dou mais uma vitória para os verdadeiros malfeitores, que são o ódio e a violência?**

Existe um livro que considero muito belo, que é a biografia de Mahatma Gandhi[12], intitulada "Minha Vida e Minhas Experiências com a Verdade". Nele, há uma frase que diz que não devemos ser inimigos dos homens, mas, sim, dos vícios e defeitos que escravizam os homens. Os indivíduos estão momentaneamente escravizados por algum aspecto de ignorância, vício ou doença moral. Não são eles, nem fazem parte da natureza humana original. Eles estão momentaneamente dominados. Sou contra essas formas de escravidão, não contra os homens propriamente ditos. O Dhammapada, um livro sagrado budista, afirma que quando um ser humano cai num abismo, algo de nós cai com ele, e quando um ser humano se eleva ao céu, algo de nós vai com ele. Portanto, à medida que evoluímos, temos a obrigação de resgatar aqueles que caíram no abismo. Eles também são nossos irmãos e não podem ser deixados para trás. Quando os seres humanos caem, um homem de dignidade e consciência humana sente compaixão. Se eu puder fazer algo para ajudá-los a superar isso, eu faria. Que pensamento mais humanista e belo, não? Lembro-me também de uma história que vi outro dia na internet e que me emocionou profundamente, de uma senhora chamada Agnes, que dedicou sua vida a acompanhar até a morte um prisioneiro que havia cometido um crime terrível contra sua família. Esse homem não sabia o que era o amor, carinho ou atenção, e Agnes o ajudou a encontrar isso em uma vida que ainda podia ser redimida. É difícil, sim, mas necessário. Percebemos o quão digno é ajudar o próximo, mesmo que seja um objetivo distante.

---

12 Mahatma Gandhi, cujo nome completo é Mohandas Karamchand Gandhi, foi um líder político e espiritual indiano, amplamente reconhecido por sua liderança na luta pela independência da Índia do domínio britânico por meio de métodos não violentos de resistência e desobediência civil. Ele nasceu em 2 de outubro de 1869, em Porbandar, na atual Gujarat, e foi assassinado em 30 de janeiro de 1948, em Nova Delhi.

- **Quando alguém comete um erro e sou grosseiro com ele, isso o torna melhor?**

No trânsito, às vezes nos deparamos com situações frustrantes, como alguém que dirige muito devagar à nossa frente, impedindo-nos de mudar de faixa e mantendo uma velocidade abaixo do limite da via. Nesses momentos, é tentador expressar nossa frustração, tocando a buzina repetidamente. Mas será que isso realmente beneficia alguém, além de alimentar nossa própria irritação? Será que reclamar ou agir de forma agressiva contribui para tornar alguém uma pessoa melhor? E o que isso faz conosco? Recordo-me de uma época em que adotava uma frase na porta do meu armário como uma espécie de lembrete diário. Era um hábito que, embora tenha gerado algum descontentamento familiar devido à aparência do quarto, proporcionava uma reflexão constante. A frase, de Helena Blavatsky[13], dizia: "A boa ação é aquela que atende alguma necessidade no mundo ou em nós". Portanto, antes de agir impulsivamente, é sábio considerar se nossas ações estão verdadeiramente atendendo a uma necessidade, e se estão contribuindo para o bem, tanto nosso quanto dos outros. Esta é uma reflexão que nos convida a pensar além do momento presente e a considerar o impacto de nossas escolhas.

Vamos explorar agora o seguinte pensamento de Marco Aurélio:

---

13 Helena Petrovna Blavatsky (1831–1891) foi uma influente escritora e filósofa. Nascida na Rússia, Blavatsky viajou extensivamente pelo mundo, explorando diversas tradições e culturas. Famosa por seus livros, especialmente "A Doutrina Secreta" e "Ísis sem Véu", nos quais apresenta suas ideias sobre a espiritualidade, a natureza do universo e o papel da humanidade na evolução.

> ***"Ajusta-te às coisas que a sorte te traz. Ama, mas com amor verdadeiro, os homens com quem tens que viver."***
>
> **- Marco Aurélio**

Esse pensamento reflete um dos princípios fundamentais do estoicismo que é a crença de que a natureza não é acaso, mas, sim, ordem. Ela segue uma lógica e leis definidas, portanto, nada ocorre por mero acaso. Como disse Marco Aurélio, "nada acontece a um homem que não seja próprio do homem". Assim, se algo ou alguém surge em nossa vida, é porque é o caminho de menor resistência para nossa evolução. Devemos conviver com essas circunstâncias e pessoas que a vida nos apresenta, pois são oportunidades de aprendizado e crescimento. Você pode questionar: e se essa pessoa for alguém prejudicial? Eu poderia dedicar uma palestra inteira para explicar que a verdadeira justiça começa com o amor. Como disse a filósofa Helena Blavatsky, "amar a todos, justiça individual, segundo o caso de cada um, mas amar a todos". Porque, ao punir um filho por um erro, é preciso fazê-lo com amor. Às vezes podemos até nos exceder, mas quando agimos com amor, é para restaurar e educar, não para vingar. Portanto, a justiça verdadeira, mesmo quando dura, é permeada pelo amor. Assim, as pessoas que a vida me trouxe, decido amá-las incondicionalmente. Minhas interações com cada uma delas dependem de cada situação, de cada princípio, de cada valor que devo aplicar. A justiça pode ser severa, mas se baseia no amor. Se compreenderem isso, terão aprendido algo de valor hoje. Vale a pena refletir e, gradualmente, incorporar essa ideia em sua vida.

Ainda à luz do pensamento de Epicteto, vamos nos aprofundar nas seguintes reflexões:

- **Se eu pudesse escolher as pessoas com quem vou conviver em todos os ambientes em que estou, escolheria pessoas muito melhores do que as que estão em meu convívio hoje?**

Imagine que a vida proponha o seguinte: a partir de agora, você vai trabalhar em um projeto X. Junto de você haverá mais dez pessoas. Você escolhe quem. Eu escolheria melhor do que a natureza escolheu para mim? Será que a natureza não é mais inteligente do que eu e não sabe melhor do que eu o que é melhor para mim? Ah, eu escolheria os meus dez melhores amigos. Mas lembre-se de que você não está acostumado a conviver tão intensamente com essas pessoas. Não sabe o que pode aflorar nessa relação. Você pode não saber o que esperar, e podem surgir conflitos piores do que aqueles que surgiriam se a natureza escolhesse as pessoas. No geral, achamos que a natureza é caos, tudo é estúpido, os inteligentes somos nós e que, portanto, se escolhêssemos, seria melhor. Se você acredita e confia na lei da vida, que o universo é inteligente, e que a natureza sabe o que faz, você aceita que esse conjunto de pessoas com as quais convive é o melhor que poderia vir para você, para aprender com eles e para que eles aprendam com você. E nessa aceitação, você já canaliza toda a tua predisposição positiva em relação a essas pessoas e já se dispõe a amá-las.

- **Se eu procurar amar todas essas pessoas do meu convívio, será que não fica mais fácil aceitá-las com seus defeitos e ajudá-las?**

Uma vez que desenvolvo um carinho e um vínculo com elas, será que não estarei em melhores condições para ajudá-las a crescer e, se necessário, corrigi-las? Imagine que eu seja um líder, um chefe de equipe. Se eu amo genuinamente todas essas pessoas, será que, ao corrigi-las, elas não vão aceitar melhor? Não se sentirão ajudadas em vez de punidas? Será que minha liderança não será menos prejudicada se eu tiver que ser um pouco mais severo? Com certeza, tudo se tornará mais fácil. É como um filho que, por um momento, pode ficar um pouco chateado com os pais, mas que eventualmente entende por que eles precisaram agir daquela maneira, especialmente quando são bons pais e mães. Evidentemente.

- **As pessoas que amo são perfeitas?**

Pergunto-lhe, todos aqueles que você ama são perfeitos? Certamente, não. No entanto, você os ama, não é mesmo? Por quê? Com alguns, admitimos todos os defeitos; com outros, não aceitamos nenhum. O problema não está nas pessoas sendo ruins. O verdadeiro problema reside em nós, que carregamos conosco um preconceito tremendo e um critério egoísta. Criamos uma bolha onde tudo é aceitável, mas, fora dela, nada é válido. Isso não é íntegro, isso não é justo, isso não é bom. Portanto, o problema está em como lidamos com a vida. Lembre-se da sábia frase bíblica: "Não servirás a dois senhores ao mesmo tempo"[14].

Avançando, encontramos outra máxima de Marco Aurélio:

---

14 A frase bíblica que menciona a impossibilidade de servir a dois senhores ao mesmo tempo é encontrada no Evangelho de Mateus, no Novo Testamento. A passagem completa é: "Ninguém pode servir a dois senhores; porque ou há de odiar a um e amar o outro, ou há de dedicar-se a um e desprezar o outro. Não podeis servir a Deus e às riquezas." (Mateus 6:24)

> *"Amar até os que o ofendem é dado ao homem. Tu também o conseguirás, se jamais esqueceres de que são teus parentes. Pois que erram por ignorância e involuntariamente. Assim como tu, logo eles morrerão. Acima de tudo, pensa em que não te fazem mal, pois não pioram tua alma".*
>
> **- Marco Aurélio**

Nossa reflexão acerca deste pensamento será a seguinte:

- **Alguém, em algum momento da minha vida, já me prejudicou tanto quanto eu mesmo, quando me descontrolo e ajo insensatamente, quando sou egoísta e não penso na dor dos demais, quando firo as pessoas que amo por insensibilidade, quando sou injusto, orgulhoso, vaidoso e prepotente e quebro a harmonia na família, no trabalho, entre amigos?**

Pense na pessoa que você julga ter sido mais dura com você. Será que essa pessoa se prejudicou tanto quanto você mesmo se prejudicou com todas as suas atitudes? Provavelmente, não. Ninguém fez nem 10% disso. Ainda assim, nós nos perdoamos e continuamos investindo em nós mesmos.

Veja bem, na verdade, há um único critério. É inevitável. Veja o exemplo da água, que sempre tenderá a ocupar todos os espaços e a se nivelar horizontalmente. Se você a colocar em um copo, em um lago, em um rio, ela passará por cascatas, despencará aqui e ali por cima de rochedos, mas logo estará na horizontalidade em qualquer ambiente. Porque ela é água, ela é fiel aos seus atributos. E você, é fiel aos seus atributos humanos?

Com cada objeto, com cada pessoa, os critérios são diferentes. A decisão que você toma em relação a cada pessoa deve ser diferente, porque são pessoas diferentes. Mas os valores que você lança mão são os mesmos. Caso contrário, não é justo. Ou seja, a maneira como eu julgo a mim mesmo e como eu trato as minhas próprias imperfeições deve ser adaptada a cada nova situação, mas os valores são os mesmos. Eu não posso dar zero oportunidade aos outros e todas as oportunidades para mim. Isso não será coerente, não me tornará feliz, e nem fará ninguém à minha volta feliz.

EXERCÍCIOS

Por fim, estamos diante dos exercícios a serem praticados na nossa quinta semana, ou quinta ronda da nossa agenda. Vejamos quais serão os exercícios propostos.

1. **Quando quiser sentir ódio por alguém, vou experimentar pensar: é meu filho, é meu pai, é meu irmão. Sempre lembrar que essa pessoa que errou deve ter um pai, uma mãe que o amam e torcem por ele.**

Certa vez, eu estava passando por um local, e não trago essa experiência aqui para dizer que sou muito especial ou que tenha alguma qualidade notável. É apenas uma reflexão que se tornou um exercício para mim, que compartilho na esperança de que seja útil para você também. Ao passar por um acidente, senti aquele instinto, parcialmente coberto de egoísmo, que nos leva a esticar o pescoço para ver se é alguém conhecido. Mas rapidamente pensei: "Bem, esses pais, essas mães, esses amigos dessa pessoa que se acidentou são seres humanos tão importantes no esquema da Terra quanto eu". Portanto, o sentimento deles é digno de nota. Não é humano eu passar por isso e sentir alívio por não conhecer a vítima. Assim, pelo menos uma oração mental, um pedido de compaixão, um sentimento eu vou depositar toda vez que passar por uma situação dessa, porque no fundo é um conhecido, um amigo, um parente meu. Apenas a ilusão do egoísmo me faz achar que essa pessoa não está de alguma forma ligada a mim. Foi um lampejo de um momento, mas eu conservei. E ainda é algo que mantenho. Essa ação repercutiu em vários outros setores da minha vida, em especial na maneira de olhar para a dor dos outros. Esse exercício é capaz de remodelar a nossa maneira de ver a vida. Por isso, fui tão criteriosa ao introduzir uma série de exercícios para você, caro leitor, pois eles realmente se espalham e mudam nossa forma de nos posicionarmos diante da vida.

2. Quando quiser dizer: "Não vai ser punido?" vou me deter e dizer: "Será que terá chances de regenerar?"

Quando sabemos que alguém cometeu um crime, roubou, ou fez algo ilegal, costumamos questionar: será que não vão puni-lo? Em vez disso, deveríamos perguntar: será que ele tem chance de se recuperar, de se regenerar, de se curar? Alguns podem pensar: "Não há chance! Um ladrão será sempre um ladrão." Mas e se acontecer com alguém que você ama? Acreditaria na chance de regeneração? Lembro-me de uma experiência muito marcante para mim, e compartilho essas vivências porque para mim são um patrimônio. Estava estacionada em um local e havia um senhor mais velho que cuidava dos carros estacionados. Eu dei um dinheirinho para ele, era o que faltava para ele pagar a passagem e visitar o seu filho na penitenciária, que ficava longe. Ele disse: "Esse dinheiro que a senhora me deu é para eu pagar a passagem e visitar o meu menino na penitenciária, é longe, mas eu só precisava desse dinheirinho para ir até lá e voltar. Ele fez uma besteira, mas é um bom menino, sabe, moça, estou rezando por ele todos os dias. Ele errou, mas vai sair dessa, ele é um bom menino, eu acredito nisso, senhora. Reze por ele também por mim". Fiquei ali alguns minutos sentindo uma dor tão grande no meu coração. Pensei: quantas pessoas estão em penitenciárias? Nunca, nunca pensei assim delas. Pode ser que sejam boas pessoas, porque todos nós temos a bondade como potencial. Ele tem chance de ser regenerado. Nunca parei para pensar que poderia olhar por eles, porque não eram meus filhos. E esse tipo de reflexão traz um nível de consciência dolorida em nós. Dói, mas é necessário. Isso é o que Blavatsky chamava de "dor sagrada"[15], porque é ótimo para promover algum grau de transformação. De vez em quando, é bom mastigarmos algumas dores que são transformadoras, as dores úteis. As úteis são aquelas que nos promovem a um outro grau de consciência.

3. **Quanto às pessoas à minha volta, vou tentar imaginar se as ajudo a serem melhores, se as faço sentir-se bem por estarem comigo, se minha lembrança em suas vidas ajudará em alguma coisa, no futuro.**

---

15 A expressão "dor sagrada" não é especificamente atribuída a Helena Blavatsky, mas ela explorou conceitos relacionados à dor e à transformação espiritual em sua obra. "Dor sagrada" pode ser interpretada como o sofrimento que leva a uma compreensão mais profunda da existência e à evolução espiritual. É a dor que, embora possa ser difícil de suportar, é vista como parte do processo de crescimento e desenvolvimento pessoal, levando a uma maior consciência e compaixão. Blavatsky explorou temas espirituais e filosóficos que estão relacionados a essa ideia de dor sagrada.

Às vezes nos vemos envolvidos em relações transitórias, como uma equipe de trabalho que, no ano seguinte, será outra, ou uma aula em um curso de curta duração, em que aquela turma está estudando com você em breve será diferente. Portanto, seja útil para que desse ponto de encontro todos saiam maiores do que entraram. Não julgue se os outros estão fazendo; faça a sua parte. Quando essas pessoas lembrarem desse semestre, desse seu ano de escolaridade, vão recordar dos seus ensinamentos, mesmo que nunca mais o vejam. Alguém pode se referir a você dizendo: “Não tive mais notícias, mas ele ou ela me ajudou naquele momento, transmitiu-me ensinamentos importantes”. Esse é um exercício valioso para você realizar. Nesta semana, procure nas equipes das quais faz parte maneiras de aumentar a sua contribuição, de forma que, no futuro, se lembrem de você e reconheçam como você ajudou em tal circunstância.

ANOTAÇÕES DOS EXERCÍCIOS:

6ª Ronda: Saber Viver e Morrer

Sexta ronda: sabedoria para viver e morrer. Nesta etapa, abordei todos os exercícios propostos por esses três pensadores para uma vida mais plena. Isso inclui uma abordagem mais serena em relação à ideia da morte, compreendendo-a como uma consequência natural do viver.

Desta vez, iniciaremos com a Sêneca. Eis o primeiro pensamento:

> ***"O simples fato de viver é, às vezes, um ato de coragem. Os pensamentos que me trouxeram a paz na doença tiveram sobre mim o efeito de um medicamento. Os consolos que as reflexões morais proporcionam têm uma virtude curativa, e tudo o que se refere à alma é também útil ao corpo".***
>
> **- Sêneca**

Recentemente, uma pessoa me escreveu e disse: "Mande uma mensagem para a minha mãe que está há 1 mês na UTI." A primeira coisa que me ocorreu foi responder à mensagem dessa senhora, dizendo: "Cuide dos seus pensamentos, pois certamente, bons pensamentos, leves e elevados, nos quais recordamos e saboreamos as melhores coisas da vida, desejam bem a todos. Bons pensamentos geram uma predisposição muito positiva para uma boa recuperação do corpo." E é mais ou menos isso que Sêneca está nos ensinando aqui. Nos momentos difíceis, nos momentos de doença física, nos momentos de adversidade, o que o tirou de lá foi esse "medicamento". E quando um "remédio" nos cura, é comum que o recomendemos para todos. Lembro-me de minha avó dizendo: "Ah, minha filha, leve aqui esta ervinha, isso é tiro e queda!". Assim como tomei um medicamento específico que funcionou maravilhosamente bem, deixe-me te ensinar. E este é um "remédio" que você pode compartilhar sem contraindicações. Os pensamentos mais nobres, os mais puros e elevados, são como uma calma no meio da tempestade.

Nos momentos de dificuldade, poucas coisas podem nos ajudar tanto quanto bons pensamentos. Até mesmo uma simples oração tem o poder de elevar a mente. De fato, para muitos, é a melhor forma. Não estou me dirigindo a um grupo teísta específico. Mesmo se alguém não estiver acostumado a orar, ao ler este livro, pode recorrer à lembrança das experiências mais edificantes que testemunhou, das quais teve conhecimento ou que lhe aconteceram. Trata-se de um estado de se aproximar do bem, que de alguma forma também é uma forma de se aproximar do divino, independentemente de como o identifiquemos.

O próximo pensamento de Epicteto é uma das definições mais belas de felicidade que conheço. Vamos a ele:

> ***"A felicidade é um verbo. É o desempenho contínuo, dinâmico e permanente de atos de valor. Nossa vida é construída a cada momento, e tem utilidade para nós e para as pessoas que tocamos".***
>
> **- Epicteto**

Reflita comigo: este momento é feliz? Estou fazendo o que posso para torná-lo o mais feliz possível? Você, que está lendo este livro agora, está se empenhando ao máximo para fazer deste momento da sua vida algo útil? Para que, possivelmente, o seu tempo daqui para frente seja mais enriquecido e a sua vida mais humanizada? Você está mantendo um estado de atenção, interesse e confiança necessários para que isso aconteça?

Se estamos dando o nosso melhor, este é um momento pleno. É um momento de felicidade. Quanto ao próximo momento, vamos aguardá-lo de acordo com o que o futuro nos reservar. Lutaremos pelo futuro quando chegar o momento, mas este momento presente está garantido. E neste momento, estou dando o meu melhor. Portanto, é um momento de realização e felicidade. São a soma de momentos como este que nos tornam inteiros, como diria Carl Jung [16], com corpo e mente juntos, dando o nosso melhor para uma vida feliz. Nada mais que isso, momentos nos quais interagimos com a vida de maneira humana, com o melhor da humanidade que conquistamos até agora. Agir assim tem valor para nós e para todas as pessoas que tocamos, porque a felicidade é algo muito complexo. E muito belo, muito brilhante. Ela irradia para todos ao nosso redor. Não é apenas boa para nós, mas também benéfica para os outros.

Vejamos agora sob a ótica de Marco Aurélio:

> ***"Tudo o que fizeres, faz-o com o propósito de ser homem de bem, no sentido próprio da palavra. Que este ideal presida a todas as tuas ações".***
>
> **- Marco Aurélio**

Para Platão, o bem é unidade, é união. É como se estivéssemos escalando as faces de uma pirâmide, cada um em sua própria trajetória. À medida que ascendemos, nos aproximamos mais daquele ponto único lá no topo. O bem é aquilo que une, é o conceito platônico. Se, ao longo de nossa jornada, nos tornamos mais compreensivos, mais fraternos, mais empáticos,

16 Carl Jung, renomado psicólogo suíço, que discutiu extensivamente sobre a interação entre corpo e mente em suas obras, embora não haja uma citação específica que aborde diretamente essa relação de forma simples. No entanto, muitos de seus escritos exploram a interconexão entre os aspectos físicos e psicológicos da existência humana.

mais compassivos com a dor alheia, podemos ter certeza de que estamos seguindo na direção correta. A cada passo, odiamos e rejeitamos cada vez mais o comportamento que nos levaria para baixo. A pirâmide representa isso, pois quem desce se afasta, enquanto quem sobe se une.

Portanto, esse é um critério muito válido. Se pararmos para refletir, essa atitude me aproxima da ideia do bem? Aproxima-me da unidade? Então, ela está no sentido do universo. Universo nada mais é do que "versos unidos". Caminhar em direção ao Uno é girar em torno do Uno. Esse é o sentido da evolução da natureza como um todo, do cosmos manifestado, e por que não, da humanidade. Assim, me torno mais uno comigo mesmo, me harmonizo e, além disso, me torno mais uno com um mundo mais harmonioso, tornando-me um agente de harmonia por onde quer que eu passe.

Portanto, nunca devemos acreditar que discursos de ódio farão a humanidade progredir. Isso nunca aconteceu antes, e acredito que não será diferente agora.

REFLEXÕES:

Reiniciamos nossas reflexões à luz do primeiro pensamento desta ronda, trazido por Sêneca:

> ***"O simples fato de viver é, às vezes, um ato de coragem. Os pensamentos que me trouxeram a paz na doença tiveram sobre mim o efeito de um medicamento. Os consolos que as reflexões morais proporcionam têm uma virtude curativa, e tudo o que se refere à alma é também útil ao corpo".***
>
> **- Sêneca**

Para nos aprofundarmos neste pensamento, trago as seguintes reflexões:

- **Já senti alívio de alguma dor simplesmente por me manter pensando em coisas boas e elevadas? Já fui capaz de atravessar momentos difíceis por me manter concentrado em boas ideias? Acredito que isso é possível?**

É importante relembrarmos experiências pessoais nossas, por vezes, experiências simples, até bobas, para criarmos um referencial de alívio, e assim provocarmos a repetição dessa sensação.

Recentemente, tive uma dor que até hoje não está muito bem esclarecida, e que me levou, no meio da madrugada, para um hospital e só cedeu com morfina. E como eu suportei essa dor? Fiquei o tempo todo na minha mente ouvindo uma música que amo demais e que automaticamente eleva minha consciência. Na dor havia picos, ficava mais intensa e quando isso acontecia, eu começava a ouvir a entrada dos instrumentos. Foi a única coisa que consegui fixar naquele momento. Mentalmente, essa música tocou uma centena de vezes, permitindo-me atravessar o trajeto até o hospital, o tempo até ser atendida, até receber o medicamento. Bom, é um exemplo do que aconteceu na minha vida, e se acontecer novamente, outro momento assim, eu já tenho uma receita de como suportar a dor, assim como, se alguém precisar, tenho uma receita para oferecer.

Pense em um fato que para você é muito elevado, muito nobre, que eleva demais a sua consciência. Fique aí repassando um ato de bondade que você recebeu, um ato muito justo, que o comoveu. Pode ser também uma obra de arte, uma música que o leve às lágrimas, que lhe toque profundamente. Repita essa lembrança continuamente e fixe-se nisso. Você verá como nossa consciência eleva as dores do corpo e até as dores da alma, tornando-as mais suportáveis quando chega no sétimo andar.

- **Uma pessoa doente, se está otimista e alimenta esperanças, tem mais chance de se curar do que aquele que se abate pela doença?**

É provável que o estado de espírito com que se enfrenta as dificuldades nos torne mais aptos a superá-las.

> ***"A felicidade é um verbo. É o desempenho contínuo, dinâmico e permanente de atos de valor. Nossa vida é construída a cada momento, e tem utilidade para nós e para as pessoas que tocamos."***
>
> **- Epicteto**

- **Um dia em que faço algo de bom para alguém sem segundas intenções, como me sinto comigo mesmo, ao fim do dia? Como é o meu sono ("sono dos justos")?**

Hoje já é senso comum de que a prática do bem tem o efeito terapêutico sobre aquele que o pratica.

- **Há alguém de quem eu possa dizer o seguinte, com segurança, neste momento: "Esta pessoa se tornou 'bem' melhor por ter convivido comigo"?**

Olhe para trás e analise tudo o que você viveu até hoje, no meu caso são 56 anos de idade, às vésperas dos 57. Questione-se: alguma pessoa se tornou melhor por ter convivido comigo? Esse questionamento poderoso é capaz de justificar uma vida. Reflita se, nos seus anos vividos, você foi capaz de ajudar alguém a superar um hábito terrível, a se corrigir. Aconselhou alguém a ponto de causar uma verdadeira mudança positiva na vida dessa pessoa? É uma alegria genuína perceber que estivemos inseridos no fator de mudança que trouxe evolução para a vida de alguém; imagine então ter passado por essa experiência diversas vezes? É, sem dúvida, extraordinário.

> ***"Tudo o que fizeres, faz-o com o propósito de ser homem de bem, no sentido próprio da palavra. Que este ideal presida a todas as tuas ações."***
>
> **- Marco Aurélio**

- **Minhas ações costumam ser motivadas pelo quê?**

Minhas ações costumam ser motivadas por quê? Pense bem, no dia de hoje, tudo o que você fez era motivado por quê? Digamos que seja para resolver um problema, para poder terminar o dia livre de uma determinada tarefa, para poder prover algo a alguém ou a você mesmo. Qual foi a ação que você teve no dia de hoje motivada por ser um homem de bem? Se não houve nenhuma ação, ainda há tempo. Levante-se e vá fazer um carinho no cachorro que está lá fora, só porque ele também tem sentimentos e precisa de carinho, motivado pela ideia de ser um homem de bem. Dê atenção às plantas e às flores que possam estar abandonadas em sua casa; uma flor é um presente da natureza que trabalhou, costurou e bordou para enfeitar a sua vida e talvez esteja morrendo em um vaso. Faça algo agora, uma ação pelo menos por dia, que tenha como intuito de o tornar uma pessoa de bem. Agindo assim, é pouco provável que você tenha um dia que não valha a pena em sua vida.

- **O que pediria ao "gênio da lâmpada", se ele me concedesse um único pedido?**

EXERCÍCIOS

Seguiremos para a nossa próxima rodada de exercícios, abordando a temática da sexta ronda. São eles:

1. **Por um tempo, em minhas preces (caso eu as faça), substituirei todos os meus pedidos por apenas um: "Que eu possa me tornar uma pessoa melhor do que fui ontem".**

Este exercício nos instiga a dar um passo de cada vez em direção ao bem. Lembro-me de uma oração ensinada por Helena Blavatsky, na qual ela dizia todos os dias para pedir que a humanidade desse um passo em direção ao seu aperfeiçoamento espiritual. Tomei isso como uma regra em minhas orações diárias. Quero dar um passo, pois parece que tudo mais vem como um acréscimo. Ou seja, que eu peça pelo bem todos os dias, pois é o mais precioso que posso obter. É isso que penso quando oro. Se devo pedir algo, que seja pelo bem, e ao pedir pelo bem, estou dando um passo seguro na direção dele, o que é o melhor que posso fazer pelo meu dia e pela minha vida.

2. **Tentar imaginar como é uma pessoa íntegra, ao longo de um dia inteiro: como ela responde à vida cotidiana?**

Confesso que este exercício já esteve até na porta do meu armário. Toda vez que eu lia algum texto que dizia que uma pessoa virtuosa, uma pessoa sábia, fazia determinada ação, eu copiava e colava isso na porta do meu armário. Eu precisava ver uma pessoa virtuosa, precisava imaginar como ela se comportava no engarrafamento, como ela lidava com a bronca do patrão quando chegava atrasada. Eu precisava ver o que ela fazia quando trancava o carro dela no estacionamento; precisava vê-la agindo na minha frente, não em uma situação idealizada. As sementes de grandeza no homem precisam de uma imagem para florescer e germinar, isso é Epicteto. É como um escultor, eu olho para uma imagem e a esculpo. Portanto, imagine como um sábio responde a esses percalços do dia a dia. Crie um modelo, uma imagem a partir da qual você esculpe a sua própria vida. É um exercício de imaginação maravilhoso. A imaginação humana cria naves voadoras, cria computadores de ponta; por que não poderia criar um ser humano melhor? Pode e deve. Eu diria até que essa é a sua principal obrigação, seu principal ofício.

3. **Em um dia qualquer, vou pegar um tema, uma ideia, e carregá-lo comigo o dia inteiro, lendo e refletindo de hora em hora: um ato justo ou belo meu ou de outra pessoa, um dia em que fiz algo que trouxe felicidade a alguém, um ato de amor que recebi e me marcou profundamente. Ao final do dia, avaliar o efeito que essa ideia constante teve no meu dia.**

ANOTAÇÕES DOS EXERCÍCIOS:

7ª Ronda: Filosofia

Bem-vindo à sétima ronda da nossa jornada. Nesta etapa, mergulharemos profundamente no coração da filosofia, explorando suas raízes, seus propósitos e seu poder transformador em nossas vidas.

Novamente, iniciaremos com um pensamento poderoso de Sêneca:

> ***"Se estivesse doente, trataria, antes de teus negócios e obrigações, de te curar. Afasta os obstáculos, então, e consagra-te à busca da sabedoria, que só é alcançada quando o espírito não está ocupado com outra coisa".***
>
> **- Sêneca**

Ou seja, se estivesse doente antes de se curar, trataria dos seus negócios e das suas obrigações? Afaste os obstáculos, então, e se dedique à busca da sabedoria, que só é alcançada quando o espírito não está ocupado com outra coisa. Pois a ignorância é uma doença, uma enfermidade da alma que só se cura com a busca da sabedoria. Portanto, não pense em resolver todos os problemas práticos da sua vida antes de buscar a sabedoria, pois isso é um equívoco. As doenças da alma são mais graves do que as do corpo; elas nos matam enquanto o corpo ainda está vivo, destroem nossa vida enquanto a vida física persiste. E elas tornam a vida humana no mundo inviável, nos reduzindo todos a meros animais.

> ***"Filosofia responde aos apelos da alma. Permite entender o sentido da dor e do medo, encontrar a libertação. Não sucumbir à insensibilidade e ao tédio. A filosofia faz a exposição das premissas falsas de nossas vidas, que são as causas do mal; exige coragem."***
>
> **- Epicteto**

Sabe como eu costumo chamar isso? Mais um daqueles exemplos memoráveis que vocês não vão esquecer nunca, um tipo de "caixa dois mental". As pessoas me perguntam, mas eu vejo esses princípios que você fala, acho-os admiráveis. Coloco-os como referência na porta do armário para seguir seu exemplo. No entanto, na hora de agir, faço outra coisa, por quê? Eu poderia explicar para eles da seguinte forma: existe uma espécie de dualidade mental. Você está lá no engarrafamento e Platão diz que você deve manter o domínio da razão em situações limite. Aí você pensa: "Platão não tinha engarrafamentos no tempo dele. Engarrafamento, o que é isso? Não era uma situação que ele enfrentava. Tem que ser do meu jeito, ele não entenderia". Então, você enfia a mão na buzina, briga com a pessoa que está na frente, deixa todo mundo nervoso, é impaciente, demora a chegar do mesmo jeito, ainda chega irritado. Até pode acabar gerando uma briga mais séria. Ou seja, no final do dia você precisa sentar na hora de fazer seu diário, e sua consciência deve confrontar seu dia e dizer: "Você estava errado. O jeito de Platão teria dado muito mais certo". Não precisa ser um engarrafamento, pode ser qualquer situação limite. O jeito dele teria dado certo, só não teria alterado tantos ânimos, não teria deixado você tão irritado, não teria provocado um desentendimento sério, às vezes com consequências graves, por nada. Porque, afinal, você escolheu viver em uma cidade que é engarrafada. Foi uma decisão sua, ninguém o obrigou. Você escolheu sair em cima da hora dos seus compromissos, foi uma decisão sua, ninguém o obrigou. Uma vez que você tomou decisões prévias e se colocou dentro do problema, não poderia ter abandonado seus princípios na hora de agir. Em vez disso, por que não agir de acordo com aquilo em que você acredita? Você recorre ao "caixa dois", que é o seu jeitinho. Se você não traz isso à tona e não confronta e diz: "Fora você, caixa dois. Eu vou usar os princípios em que eu acredito, porque você já provou que está errado". Não tem fundamento. Uma das coisas que essa frase de Epicteto evoca é a capacidade de perceber e limpar o que está escondido dentro de nós.

> ***"Conserva-te simples, bom, puro, digno, inimigo da opulência, amigo da justiça, piedoso, benevolente, terno, firme no cumprimento de seus deveres. Luta para ser como te quis fazer a filosofia. Adora a Deus. Protege os homens. A vida é curta. Da existência terrena, os únicos frutos são a disposição virtuosa e os atos úteis à sociedade."***
>
> **- Marco Aurélio**

Perceba que, conforme esse pensamento nos mostra, dentre todas as coisas que você realiza na vida, os únicos frutos que permanecerão são a disposição virtuosa e os atos úteis à sociedade. Além disso, ele nos apresenta uma lista de virtudes de um homem sábio ou de um homem que busca a sabedoria. A busca por ser um homem completamente sábio pode parecer muito complexa para nós. Se não fosse assim, eu não estaria aqui escrevendo estas palavras, já que este livro é um plano para a evolução. No entanto, é possível imaginar todas essas virtudes como uma meta e compreender qual é o fruto legítimo da sua vida.

REFLEXÕES

Vamos nos aprofundar novamente em cada um dos pensamentos para extrairmos reflexões aplicáveis à nossa vida.

> ***"Se estivesse doente, trataria, antes de teus negócios e obrigações, de te curar. Afasta os obstáculos, então, e consagra-te à busca da sabedoria, que só é alcançada quando o espírito não está ocupado com outra coisa."***
>
> **- Sêneca**

A reflexão que proponho é a seguinte:

- **Tive doenças que prejudicaram meu corpo; fiz um tratamento, tomei medicamentos, curei-me. Tive pensamentos e atos errados que feriram pessoas, geraram injustiças, geraram dor, enfim, adoeceram minha alma. Qual tratamento e quais remédios me garantiram a cura? Reflexão, atenção diária sobre os meus atos, disciplina para agir diferente... O que eu fiz de fato para me curar?**

Avalie comigo: se, para o ferimento do meu corpo, tomei um determinado remédio e ele me curou, foi excelente para mim; posso até indicá-lo a outras pessoas. Para o ferimento da minha alma, o que usei, ou posso usar? Qual foi a terapia utilizada? Qual foi o medicamento? O que fiz de fato para me curar? Ou será que nunca me curei? Estou com essa ferida até hoje. Isso é complexo. Pode tornar-se algo crônico, que em determinado momento pode ser irreversível, ou seja, o corpo doente, trabalha-se para curar a alma doente, trabalha-se para curar, gravando esse processo. O que me ajudou a gravar esse medicamento? É bom voltar a usá-lo sempre, tê-lo sempre à mão. Quando pensei em determinada situação, quando lembrei que essa pessoa poderia ser meu filho, usei alguma estratégia para perceber que estava errado? Se sim, se fui me desculpar, se corrigi o que tinha feito, curei minha alma. Agora, tenho essa receita anotada. Cometi um erro? Vou voltar e ver como é. Faça este experimento. É importante nunca deixar feridas abertas na alma.

> ***"Filosofia responde aos apelos da alma. Permite entender o sentido da dor e do medo, encontrar a libertação. Não sucumbir à insensibilidade e ao tédio. A filosofia faz a exposição das premissas falsas de nossas vidas, que são as causas do mal; exige coragem."***
>
> **- Epicteto**

- **Quando vejo casos de outras pessoas que sofrem da mesma doença que eu e elas me contam como se curaram, isso é útil para mim? E quando outras pessoas contam que tiveram os mesmos defeitos que eu e os superaram? Será que isso também não poderia ajudar? Se eu quero realmente mudar, não vou querer ouvir esses conselhos?**

Quando alguém está tossindo demais próximo a mim e logo depois eu começo a tossir também, vou perguntar a ele como ele conseguiu curar a tosse dele? Às vezes funciona, outras vezes, não, pois pode ser que seja uma tosse diferente da dele, causada por outro motivo. Mas imagine que essa pessoa, no intuito de me ajudar, me recomende algo inocente, como um chá com mel ou um cachecol, algo que o tenha ajudado. Pode ser que esses conselhos também me ajudem, mesmo se tratando de medidas simples. Posso aprender com aqueles que superaram um problema para resolver problemas equivalentes. Mas e quanto a algo mais grave? Bom, nesse caso, vou ao médico, e ele também vai usar a experiência de toda a ciência médica para determinar qual é o medicamento necessário para o meu problema. Se já fazemos isso em relação à vida física, por que não podemos implementar esse comportamento em relação à vida metafísica?

Lembre-se de que a filosofia consiste em grande parte de conselhos de pessoas que dominaram a arte de viver, que viveram e morreram em paz, em harmonia com os céus e a terra, coerentes consigo mesmas, com dignidade, sem medo, sem ansiedades. Se já houve homens assim, por que não podemos começar de onde eles pararam? Por que não podemos herdar essa receita? Lembro-me da frase de Carl Jung, que dizia que é mais fácil para nós começarmos do zero e construirmos uma nave que nos leve à Lua do que começarmos do zero e construirmos um conhecimento que nos leve ao interior de nós mesmos. Se hoje eu quisesse construir um avião, não inventaria o 14-Bis novamente, é mais prudente estudar tudo o que já foi criado e começar a partir daí. Em relação à vida, é a mesma coisa.

> ***"Conserva-te simples, bom, puro, digno, inimigo da opulência, amigo da justiça, piedoso, benevolente, terno, firme no cumprimento de seus deveres. Luta para ser como te quis fazer a filosofia. Adora a Deus. Protege os homens. A vida é curta. Da existência terrena, os únicos frutos são a disposição virtuosa e os atos úteis à sociedade."***
>
> **- Marco Aurélio**

- **Se eu jamais tivesse entrado na escola, será que teria aprendido sozinho tudo o que aprendi lá? Ter quem nos ensine facilita as coisas?**

Quando éramos crianças, aprendíamos brincando, especialmente interagindo com os colegas. Assim, começamos a fazer contas de soma, subtração, divisão e multiplicação. Será que, sozinhos, sem termos um método, sem uma escola, sem ninguém que nos ensinasse ou interagisse conosco sobre nossos aprendizados, conseguiríamos de fato ter aprendido algo? Não me recordo, por exemplo, de como fiz meus primeiros aprendizados sobre biologia. Talvez tenha visto a teoria em sala de aula e, jogando bola com meus colegas da época, num lampejo, eu tenha percebido que a pele era feita mesmo de células. Mas certamente não aprendi isso sozinha. Alguém estruturou toda essa metodologia do que a humanidade já sabe e nos ofereceu para que pudéssemos começar a partir daí. Ter alguém assim não ajuda muito a ensinar a arte de viver? Você tem alguém assim em sua vida? Imagine herdar a sabedoria de vida de nossos ancestrais, seria como dar um sopro de vida a eles, justificar suas existências. Torna-se muito mais fácil e proveitoso aprender dessa maneira. Não se pode achar que a ação de fazer um churrasco ensinará o princípio da carbonização dos corpos, o efeito do fogo sobre as células. O conhecimento humano não se improvisa, principalmente na arte de viver, que é a mais complexa de todas as artes. Achamos que somos doutores nisso, mas na verdade somos extremamente amadores. É onde mais precisamos aprender.

- **Saber matemática é dominar operações com os números. Saber português é saber falar e escrever bem na língua. Saber viver é o quê? Como posso alcançar um objetivo que não conheço?**

Se alguém afirma dominar a matemática, basta apresentar-lhe uma equação para resolver. Para alguns, uma equação pode parecer complexa, mas para quem tem domínio da matemática, não é um desafio. Assim, basta dizer: "mostre-me, aja para que eu veja". Da mesma forma, se alguém alega ter domínio da língua portuguesa, basta apresentar-lhe um texto para que faça uma análise e identifique todos os erros contidos nele. No entanto, como podemos realmente provar que alguém sabe viver? Mudando a perspectiva desse questionamento, como devemos responder às circunstâncias da vida para que alguém, observando nosso dia a dia e nosso comportamento, conclua que sabemos viver? Esse questionamento nos conduz a uma reflexão profunda. É um fato que ninguém nasce sabendo viver; essa é uma arte complexa, que exige aprendizado contínuo. Então, o que precisamos aprender que ainda não sabemos? O que não estamos percebendo nos aspectos da vida que podem ser aprimorados? Além da simples resolução de equações ou análise de textos, o verdadeiro produto da arte de viver é viver. Se nossa vida não está satisfatória, se não está harmoniosa, é necessário analisar o que está faltando, que aprendizado devemos adquirir para torná-la mais plena e significativa.

EXERCÍCIOS

1. **Vou fixar um ou dois valores com o objetivo da minha vida: ser mais justo e mais fraterno, por exemplo.**
2. **Vou colocar uma meta para cada setor da vida (intelectual, profissional, social e familiar, psicológico e espiritual) coerente com o valor maior da minha vida e vou criar submetas para a década, o ano, o mês.**

No meu curso sobre administração do tempo, abordo extensivamente esse tema. A primeira etapa desse processo consiste em estabelecer a ideia central da sua existência, sua meta, que sempre reside no centro do ciclo. Tudo o mais decorre dessa premissa, é o resultado direto dela. Uma das metas da minha vida é ser justa e fraterna. Em seguida, aplico essa meta a quatro áreas fundamentais da minha vida: o intelectual, onde defino o que pretendo aprender, estudar e me aperfeiçoar; o profissional, onde defino minhas atividades e objetivos no contexto do meu trabalho e da minha atuação no mundo; o social e familiar, que diz respeito aos meus relacionamentos interpessoais; e o psicológico e espiritual, onde busco a transformação pessoal e o aprimoramento como ser humano. Analiso como aplicar os princípios de justiça e fraternidade em cada um desses domínios, em uma reflexão sobre minha vida como um todo. Esse é um planejamento essencial para quem busca verdadeiramente a transformação. Embora seja amplamente detalhado no curso, aqui apresento algumas ideias para que compreendam a profundidade dessa reflexão, que pode ser realizada isoladamente, especialmente durante esta sétima semana. Devemos nos questionar: minha vida está intrinsecamente conectada dessa forma, de modo que compreendo claramente minha direção global, e todas as minhas metas parciais estão em sintonia? Conforme os anos passam, um após o outro, percebo a importância de manter essa coerência para avançar. Este exercício de alinhamento com a grande meta da vida, nosso propósito, é uma prática transformadora e profundamente necessária.

3. **Cada noite, no meu diário, vou observar se me aproximei da minha grande meta no dia de hoje.**

Caso percebamos que não estamos nos aproximando, devemos nos questionar: o que pode ser tão importante para mim a ponto de me afastar de mim mesmo? Vou avaliar se meu dia foi válido, se me permitiu avançar mesmo que seja um milímetro em direção ao grande propósito da minha vida. Retomando o exemplo da dieta mencionada no início deste livro, é crucial refletir sobre isso, pois, caso contrário, corremos o risco de sermos iludidos pela falsa sensação de progresso. Assim como alguém que não se pesa durante uma dieta pode estar se iludindo e até mesmo ganhando peso, em vez de emagrecer, apenas se distanciando de seu objetivo. Avalie os caminhos percorridos neste dia e analise para onde eles o conduziram.

ANOTAÇÕES DOS EXERCÍCIOS:

8ª Ronda: Tempo

Iniciamos nossa oitava rodada. Nesta ronda, trabalharemos com a temática do tempo. Para começarmos, trago três pensamentos de Sêneca. Esses pensamentos são expressados nas Cartas Morais a Lucílio[17], nelas Sêneca é muito rigoroso. Vamos ver:

> ***"Sim, meu caro Lucílio, reivindica a propriedade do teu ser; recolhe e põe em segurança o tempo que até agora te foi subtraído, roubado ou que tu deixavas escapar".***
>
> **- Sêneca**

> ***"A perda de tempo mais escandalosa que sofremos é a da negligência. Passamos a maior parte da vida fazendo as coisas mal, uma boa parte sem fazer nada e todo o resto fazendo algo distinto do que é necessário".***
>
> **- Sêneca**

---

17 As "Cartas Morais a Lucílio" são uma coleção de 124 cartas escritas pelo filósofo estoico Sêneca, endereçadas a Lucílio, um amigo e discípulo. Nessas cartas, Sêneca discute uma variedade de temas filosóficos, éticos e práticos, oferecendo conselhos sobre como viver uma vida virtuosa e tranquila. As cartas abordam questões como autocontrole, virtude, sabedoria, amizade e a natureza da felicidade. Elas são consideradas uma das obras mais importantes da filosofia estoica e têm sido uma fonte de inspiração e orientação para muitas pessoas ao longo dos séculos.

> ***"O tempo não acrescenta nada a uma vida consagrada ao bem. Um só dia, para um sábio, é mais longo do que a vida mais longa para um ignorante".***
>
> **- Sêneca**

Acho este trecho especialmente bonito: "Reivindica a propriedade do teu ser." Já se perguntou quem está com as rédeas da sua vida nas mãos? Quando as reclamamos de volta, estamos reivindicando a propriedade do nosso ser. Você veio aqui para construir uma vida, deixar a marca da sua individualidade no mundo. Existe uma frase que pode ser vista como muito comum, mas eu acho bem interessante. É como se a vida fosse uma sinfonia. E existem notas que precisam ser acrescentadas a essa sinfonia; sem uma delas, ela se torna menos completa, e ninguém pode executar isso senão você. A morte de um ser humano me empobrece, porque significa um universo ímpar e irrepetível, com o qual eu deixei de travar contato. Esta é uma reflexão de Marco Aurélio. Ou seja, você tem uma mensagem ímpar e irrepetível para dar ao mundo. Portanto, avalie quem está com as rédeas da sua vida nas mãos, quem não está permitindo que você dê essa mensagem. Se necessário, reivindique a propriedade do seu ser, recolha o tempo que até agora foi subtraído, roubado ou que você deixou escapar. Tome de volta esse tempo que estava sendo ocupado pelo piloto automático. Lembra aquele *software* da vida que você dá *play* e sai copiando, que todo mundo faz? Decida trilhar seu próprio caminho, segundo a sua identidade, segundo o seu propósito de vida, tendo-o como estrela, como referência, e se preocupando em aportar valor ao mundo todos os dias, porque para isso viemos de fato.

Sêneca continua, em outro parágrafo, falando sobre como negligenciamos o tempo, fazendo as coisas mal em boa parte de nossas vidas, outra boa parte se fazendo nada e o restante fazendo tudo o que não é necessário. É simples observar que não é assim que se vive uma vida que faça sentido, que tenha propósito. Li sobre um exercício que uma vez fizeram em um Instituto Norte-Americano, que me impressionou. Achei extremamente filosófico, mesmo não sendo idealizado por filósofos. Juntaram um grupo de pessoas na faixa entre trinta e poucos a quarenta e poucos anos. Avisaram a elas uma semana antes que deveriam pensar sobre absolutamente tudo que viveram até aquele momento, suas histórias de vida. Esse prazo foi intencional para que elas tivessem tempo para refletir, e um dia elas foram para um estúdio e contaram absolutamente tudo o que lembravam da vida delas. Se você fosse fazer isso, mesmo que avisado uma semana antes, você acha que levaria quanto tempo para fazer essa narrativa? Tudo o que você lembra da sua vida? Eu me recordo que as pessoas de muito boa memória chegaram a uma média de sete horas falando sobre suas vivências, mas quando pensamos em proporção, não parece pouco? Afinal, são trinta, quarenta anos de vida, e o resto? Esse desperdício de vida acontece quando você está inconsciente, quando não está com o corpo e mente juntos, presente na sua vida, com ânimo de aprendiz, e querendo aportar algo de positivo ao mundo. Entregar um pouco de si próprio ao mundo. Existe uma frase linda de um filósofo chamado N. Sri Ram, ou Natarajan Sri Ram [18], que dizia: "Você deve perder o seu coração todos os dias e todos os dias partir à procura dele." Em um determinado momento, você vai perceber que o seu coração é o coração da vida. Ou seja, se vou ao trabalho, deixarei o meu coração lá; se vou a um local onde as pessoas estão estressadas atendendo, geralmente ambientes com poucos atendentes para muitas pessoas, terei paciência e carinho. Deixarei meu coração lá; se estiver no trânsito, todos à minha vol-

18 N. Sri Ram, ou Natarajan Sri Ram, foi um proeminente escritor e líder espiritual indiano do século XX. Ele nasceu em 1889 e faleceu em 1973.

ta estressados e cansados, eu terei paciência e conduzirei com cortesia, darei espaço para que uma pessoa entre na minha frente e deixarei meu coração lá. Em um determinado momento, você vai procurar: "Cadê meu coração?" e ele estará em todos os lugares. Este será um dia bem vivido.

No terceiro pensamento, Sêneca nos confronta de forma desconcertante ao comparar o valor do tempo diante de um dia na vida de um sábio com um dia na vida de um ignorante. Imagine um dia em que uma pessoa vive fazendo aquilo que de melhor ela pode fazer; um dia inteiro vivido assim são 24 horas de humanidade plena. Se juntarmos 30 ou 40 anos da vida de uma pessoa comum, é provável que ela não tenha vivido tanta plenitude assim. Se pedirmos que ela reflita sobre isso, pode se lembrar apenas de 7 horas, como no experimento. Você pode estar se questionando: "30, 40 anos é pouco?" O que é viver pouco? Este também é um questionamento interessante que vamos aprofundar em nossas reflexões a seguir.

REFLEXÃO:

Iniciaremos nossas reflexões com a primeira citação de Sêneca em resposta a Lucílio.

> ***"Sim, meu caro Lucílio, reivindica a propriedade do teu ser; recolhe e põe em segurança o tempo que até agora te foi subtraído, roubado ou que tu deixavas escapar."***
>
> **- Sêneca**

Para esta citação, sugiro considerarmos as seguintes reflexões:

- **Se alguém perguntasse quem sou eu, será que uma das melhores respostas não seria dizer em que eu emprego meu tempo?**

Se eu o questionar, caro leitor, sobre quem você realmente é, você poderia responder dizendo: "Hoje de manhã, me envolvi em determinada atividade, depois em outra, e assim por diante." Eu poderia ter uma noção clara de que tipo de ser humano você é, qual é a sua hierarquia de prioridades, quais são as coisas que não podem falhar em seu dia, como você organiza sua vida e quais são as coisas dotadas de valor para você. Como você administra o seu tempo em 24 horas tem muita relação com sua identidade e seus valores. Portanto, se você olhasse para um dia vivido na vida de um sábio, ninguém precisaria mostrar seu currículo. Qualquer um com um pouco mais de senso diria que é um ser humano especial ou alguém muito próximo da sabedoria. Nunca esqueça, porém, que a sabedoria plena é apenas um ideal, mas devemos viver o mais próximo que pudermos dela.

- **Quando algum distrativo, um desejo ou seja lá o que for me tira da minha fidelidade aos meus valores, será que eles são tão bons assim que valem essa traição a mim mesmo?**

Se perdi um dia porque me distraí com alguma bobagem qualquer. Nesse dia, eu deveria ter ajudado alguém, praticado a fraternidade, colocado cada coisa em seu devido lugar na minha vida, praticado a justiça, e não fiz nada disso porque me distraí com uma besteira. Essa besteira é atraente para mim. Por quê? Será que isso não é um vício? Achamos que só nos viciamos em coisas físicas, mas também nos viciamos em coisas psicológicas, e são vícios fortes. Às vezes, estamos cheios de vícios, como gostar de assuntos mórbidos, passar horas lendo bobagens na internet, gostar de assuntos que não agregam nada. Claro que existem distrações saudáveis, por exemplo, se gosto de um jogo de futebol, vou assistir ao jogo. Contanto que não fique colérico. É a moderação saudável da distração por meio de um esporte. No entanto, ler colunas sobre a vida de outras pessoas, fatos bizarros sem fundamentos, pode ser além de um vício uma fuga. Devemos nos questionar: por que estou trocando coisas tão caras na minha vida por coisas desse tipo? O que está me atraindo tanto assim? Será que estou insatisfeito com a minha vida e preciso estar fantasiando, estar dentro da vida dos outros para compensar? O que esse fato está me dizendo? Às vezes, são horas gastas assistindo a novelas, séries, *reality shows*. Será que todo esse tempo gasto não reflete a insatisfação que tenho com a minha própria vida, o sentimento de tédio em relação a ela? Reflita um pouco sobre essa fuga, não a deixe passar despercebida, porque senão sempre terá o seu tempo roubado por esse tipo de acontecimento. Veja que ele está lhe indicando alguma coisa, aprofunde-se nisso.

> ***"A perda de tempo mais escandalosa que sofremos é a da negligência. Passamos a maior parte da vida fazendo as coisas mal, uma boa parte sem fazer nada e todo o resto fazendo algo distinto do que é necessário."***
>
> **- Sêneca**

- **Se eu tivesse que contar absolutamente tudo o que me lembro da minha vida, quanto tempo eu gastaria para isso, ainda que me preparasse com antecedência para essa resposta?**

Esta é exatamente a mesma reflexão que mencionei anteriormente sobre o experimento científico. Imagine todo o tempo que seria gasto para essa tarefa e, especialmente, reflita sobre todo o "resto" que não será contabilizado. Esse "resto" representa o buraco negro da dispersão, da distração, da fuga, daquelas superficialidades que a memória, com toda a justiça do mundo, joga fora porque não vale a pena guardar. São os momentos desperdiçados em trivialidades, os pensamentos dispersos que se perdem na correria do dia a dia. É importante considerar como esses momentos não registrados representam uma parcela significativa da nossa existência e como podemos direcionar nossa atenção e energia para o que realmente importa, para aquilo que verdadeiramente enriquece nossa vida e alma.

- **Se eu tivesse poucos anos ou meses de vida, como organizaria e trataria meu tempo?**

Se sei sobre a finitude do meu tempo, devo me questionar: quais são os elementos prioritários? O que consideraria imprescindível realizar antes de deixar este mundo? É crucial ponderar sobre isso, pois, como posso presumir que terei muito tempo à minha disposição? Devo manter constantemente minhas prioridades em mente. Contudo, às vezes, somos surpreendidos pelas circunstâncias da vida. Portanto, é essencial olhar para o futuro e assegurar que, se o tempo for escasso, as coisas verdadeiramente importantes estejam sendo feitas. Estou dedicando meu tempo ao que realmente tem valor, ou estou negligenciando aspectos essenciais da minha vida? Conforme ensinava Marco Aurélio, isso também é aceitar a morte como conselheira, que nos oferece uma perspectiva positiva e definitiva sobre nossas ações. Isso é, de fato, o que merece prioridade. Longe de ser um pensamento mórbido, seria na verdade mórbido ignorar a morte enquanto o tempo continua seu curso implacável.

> *"O tempo não acrescenta nada a uma vida consagrada ao bem. Um só dia, para um sábio, é mais longo do que a vida mais longa para um ignorante."*
>
> **- Sêneca**

- **Se eu pudesse escolher meu pai em uma vida, preferiria um sábio que estaria comigo apenas por um ano ou um ignorante e rude que estaria comigo por muitos anos?**

Seria mais valioso ter um sábio que me ensinasse muito em apenas um ano, como meu pai, do que um ignorante rude que não transmitisse nada, mas estivesse presente em toda a minha vida? Essa reflexão nos oferece uma perspectiva sobre o que realmente significa uma vida longa e uma vida curta. Pois o valor de uma vida não se mede simplesmente pela sua duração, mas, sim, pela sua intensidade e pelas experiências que proporciona. Muitos dos grandes homens que modificaram o curso da história viveram vidas relativamente curtas. Um exemplo notável é o de Wolfgang Amadeus Mozart[19], um dos maiores músicos da história, que viveu apenas 35 anos. Este é apenas um dos muitos exemplos que ilustram que a grandeza não está necessariamente vinculada à longevidade.

19 Wolfgang Amadeus Mozart foi um dos compositores mais influentes e prolíficos do período clássico da música ocidental. Ele nasceu em Salzburgo, Áustria, em 27 de janeiro de 1756, e morreu em Viena, Áustria, em 5 de dezembro de 1791, aos 35 anos. Mozart mostrou talento musical desde jovem e começou a compor aos cinco anos de idade. Ao longo de sua vida, ele escreveu mais de 600 obras, abrangendo uma variedade de gêneros musicais, incluindo óperas, sinfonias, concertos, música de câmara e música sacra.

- **Quando alguém usa seu tempo inteiramente para fazer coisas boas e morre na casa dos trinta anos, ele viveu muito ou pouco? Alguém que não fez nada válido e viveu noventa anos, viveu mais do que o primeiro?**

Se alguém fez algo importante, foi uma pessoa boa e morreu jovem, valeu a pena sua vida curta? O que é mais importante: fazer muitas coisas ou fazer as coisas bem? Um único dia na vida de uma pessoa muito sábia já faria diferença, sua intensidade e completude garantiriam isso. Às vezes pensamos que precisamos de muito tempo para fazer algo importante, mas, na verdade, o que importa é aproveitar bem o tempo que temos, estar presentes e fazer o nosso melhor. Isso torna nosso tempo mais valioso, não apenas por quanto tempo durou, mas pela profundidade e intensidade que colocamos nele. Então, é melhor viver muito tempo ou viver intensamente, aproveitando cada experiência e contribuindo para o mundo? Vale a pena pensar sobre isso com cuidado.

EXERCÍCIOS:

Por fim, as atividades sugeridas nesta ronda.

1. **Perguntar-se: como me lembrarei do dia de hoje daqui a um ano? Ou daqui a um mês?**

Se considerar que um ano é um período muito longo para você, sugiro que faça essa reflexão sob a perspectiva de um mês, ou mesmo de uma semana... Muitas vezes, não nos recordamos dos detalhes do nosso dia a dia. Porém, se algo significativo aconteceu, certamente marcará nossa memória. É importante lembrar que aquilo que nos marca permanecerá conosco no futuro, como podemos ver no exemplo das sete horas mencionadas anteriormente. Então, reflita: daqui a uma semana, o que irei recordar deste dia? O que ele deixou de marcante e de significativo? Houve algum aprendizado ou alguma reflexão sobre os acontecimentos do dia que me permitiu encarar a vida de uma maneira mais ampla e significativa? Ao fazer esse tipo de reflexão, recomendo até mesmo que anote suas observações, pois nossa tendência à distração muitas vezes nos leva a negligenciar esses momentos valiosos de reflexão. Uma reflexão como essa confere significado ao dia, permitindo-nos adquirir um novo aprendizado a cada dia. Como já mencionado em rondas anteriores, um ato de generosidade por dia, um gesto de bondade por dia, e este dia já terá cumprido seu propósito. Ele não será apenas mais um dia perdido no vazio, mas terá contribuído com algo de significativo e real.

2. **Se nada fiz de bom, produtivo e útil hoje, devo levantar-me e fazer algo agora.**

Este é um exercício para esta semana. Não se preocupe, mas se você procrastinar, pare e reflita: o que estou adiando? Será que não estou apenas ocupando meu tempo com coisas triviais, talvez até importantes, mas sem grande significado? Não estou aprendendo, não estou crescendo. Não desenvolvi habilidades como controle da ansiedade ou paciência. Apenas reagi mal às situações. Arruinei meu dia. Mas então, levante-se e faça algo. Faça isso agora mesmo, como se já fosse um hábito. Cuide de suas plantas, arrume seu jardim. Esta é uma disciplina que o ajudará a dar mais seriedade à vida. Se você não tem vontade de levantar cedo para fazer algo, faça antes de dormir e dê propósito ao seu dia. No dia seguinte, você começará a pensar: vou mesmo deixar as coisas chegarem a um ponto em que estou deitado sem ter feito nada? Ao adotar esse método, essa disciplina rígida consigo mesmo, você gradualmente se lembrará disso ao longo do dia, não apenas no final.

3. **76x365=27.740 dias. Se eu tivesse apenas R$ 27.740,00 reais para gastar durante toda a minha vida, esbanjaria ou gastaria com muita atenção e cuidado? Devo lembrar disso quando estiver desperdiçando meu dia.**

Fiz um cálculo rápido, um exercício de conscientização necessário, porém desafiador. Ao multiplicar os 76,6 anos, média da expectativa de vida do brasileiro, por 365 dias, obtive 27.740 dias de vida, em média. É uma quantidade considerável para desperdiçar sequer um dia. Se eu tivesse apenas esse tempo, será que o gastaria sem cuidado? Para dar um contexto: se tivesse apenas R$ 27.740,00 para toda a vida, eu seria tão desperdiçador? Ou seria mais cuidadoso e atento? Essa reflexão é essencial quando nos encontramos desperdiçando nossos dias. Cada dia é precioso. Grandes homens mudaram o curso da história em um único dia. Em momentos singulares, salvaram vidas, realizaram feitos extraordinários. Quantos de nós podem dizer o mesmo de apenas um dia? Resgataram pessoas de situações desesperadoras, descobriram curas que salvaram inúmeras vidas. Às vezes, dedicaram uma vida inteira, mas foi em um único dia que o mérito culminou em uma descoberta. Este é o poder do tempo bem empregado. Devemos lembrar que um dia pode fazer toda a diferença. Basta pensar em Sócrates, cujos ensinamentos foram perpetuados graças a um único encontro com Platão. E, assim, o legado dos estoicos e nosso próprio momento atual foram moldados por eventos de um único dia. Cada dia é uma oportunidade digna de ser valorizada.

ANOTAÇÕES DOS EXERCÍCIOS:

9ª Ronda: Convivência

A convivência é o tema desta nona ronda. Para explorarmos este assunto, selecionei uma citação de Sêneca e duas de Marco Aurélio.

> ***"Se fizermos um amigo para que ele nos tire dos grilhões, nós o veremos, na primeira oportunidade, fugir. São amizades 'de circunstância', como se diz. O amigo escolhido por interesse só agradará enquanto for útil. Por isso, os homens prósperos são assediados por uma multidão de amigos, mas, após um reverso da fortuna, à sua volta, só haverá um deserto. A relação que tu me descreves é comércio, e não amizade."***
>
> **- Sêneca**

Essa citação vem de uma das cartas de Sêneca a Lucílio e nos confronta com uma dura realidade. Quantas vezes, pelos reveses da vida, testemunhamos pessoas que possuíam tudo o que se considera materialmente valioso e, ao perderem isso, também perdem aqueles que as rodeavam. É um lembrete contundente de que a verdadeira riqueza reside nas relações humanas e na virtude, não nos interesses materiais. Que possamos aprender com essa lição e cultivar o que é realmente significativo em nossas vidas.

> ***"Eis a melhor maneira de se vingar de alguém: não se assemelhar a ele."***
>
> **- Marco Aurélio**

Quando alguém nos fere e pensamos em vingança, raramente olhamos por essa ótica de Marco Aurélio. Mas se pensarmos: "Vou me vingar do que você fez comigo, e minha forma de fazer isso será nunca, em minha vida, agir da mesma maneira com outra pessoa", condicionamos a outra parte a ver se extinguir a cadeia de contágio de seu próprio mau comportamento, pois não levaremos isso adiante.

Nunca conheci vingança mais poderosa do que esta. Se nos vingamos provocando dor, a outra pessoa pode provocar dor novamente, criando assim um ciclo de ataques e contra-ataques que resulta em um grande campo de guerra. Ambos os exércitos servem à dor, à agressividade e à violência. Quando isso ocorre, os dois lados não estão em campos opostos, mas, sim, no mesmo campo, agindo com o mesmo propósito de causar dor.

Quando a vingança resulta no encerramento do ciclo de maldade, essa sim é uma vingança verdadeira, capaz até mesmo de provocar alguma mudança.

> ***"Aprofunda-te em tua alma, na alma do Todo, na daquele homem. Na tua, para torná-la justa e imparcial. Na do Todo, para não te esqueceres de que dela és parte. Naquele homem, para saber se agiu por ignorância ou conscientemente, e para te lembrares de que é teu parente."***
>
> **- Marco Aurélio**

Primeiramente, devemos encontrar a profundidade. A intensidade implica em estabelecer uma identidade sólida, conhecer a fundo a própria essência para nos aprofundarmos não apenas em nossa própria alma, mas na do outro ser humano que está diante de nós, na essência do todo, alinhados aos propósitos divinos e sem nos revoltarmos. Devemos compreender o que a vida nos reserva, estar prontos para oferecer a melhor resposta a cada circunstância. O superficial jamais conseguirá isso. Assim, a única atitude verdadeiramente superficial é a revolta, pois carece de profundidade, incapaz de compreender o propósito de si mesmo, dos outros e do todo.

REFLEXÕES

Voltaremos agora às nossas reflexões, começando com a citação de Sêneca.

> ***"Se fizermos um amigo para que ele nos tire dos grilhões, nós o veremos, na primeira oportunidade, fugir. São amizades 'de circunstância', como se diz. O amigo escolhido por interesse só agradará enquanto for útil. Por isso, os homens prósperos são assediados por uma multidão de amigos, mas, após um reverso da fortuna, à sua volta, só haverá um deserto. A relação que tu me descreves é comércio, e não amizade."***
>
> **- Sêneca**

- **Gosto de meu amigo pelo que ele é, e posso garantir a ele que sempre poderá contar comigo?**

Pense sobre seu círculo de amizades, aqueles mais próximos e queridos para você. Imagine como você reagiria se eles perdessem tudo aquilo que lhes confere algum valor social: dinheiro, reputação. Mesmo diante disso, você manteria essa relação? Pode garantir isso verdadeiramente? Se sim, então você possui uma amizade genuína, algo digno de ser valorizado e cuidado com zelo.

- **Tenho amigos que garanto que estarão comigo mesmo que a extrema má sorte bata à minha porta?**

Questione-se se existem uma ou duas pessoas nas quais você possa confiar plenamente, que estariam ao seu lado mesmo nos momentos mais difíceis da vida, nas grandes adversidades. Pessoas que apreciem você pelo que é, não pelo que possui, pelo *status* ou pelo reconhecimento social. Para essas pessoas, tais coisas são irrelevantes? Elas estiveram ao seu lado mesmo antes de qualquer conquista material? Se sim, você possui uma riqueza enorme, algo que muitos não têm.

> ***"Eis a melhor maneira de se vingar de alguém: não se assemelhar a ele."***
>
> **- Marco Aurélio**

- **Eu luto contra homens ou contra vícios?**

Relembramos a citação de Gandhi: lutamos contra os efeitos, não contra as pessoas. Portanto, devo me rebelar contra a atitude dessa pessoa, não contra a própria pessoa, e devo me rebelar abstendo-me de replicá-la, de nunca a reproduzir. Algo que te cause repulsa não deve ser imitado, nem repetido. Você simplesmente tentará eliminar aquilo da sua vida, pelo menos da sua própria vida. Não a pessoa, mas o vício que a escravizou, o comportamento. Pense se tem procurado combater as atitudes das pessoas, ou se tem nutrido ódio por elas e desejado vingar-se do ser humano que está ali escravizado pelo vício.

- **Quando era criança e tirava uma boa nota na prova, como ficavam aqueles que não estudavam e sempre se saíam mal? Tinham raiva de mim, porque eu os expunha?**

Perceba que é bastante natural que, ao tomar uma atitude nobre, correta e benéfica, as pessoas se oponham a você. É preferível para elas que todos permaneçam na mediocridade juntos, do que alguém se destacar ao agir de forma diferente e expor os demais. Entenda que, ao realizar algo positivo, é comum enfrentar ataques, não necessariamente por raiva direcionada a você, mas, sim, por uma revolta em relação à própria mediocridade. Sou capaz de perceber isso e, em vez de ódio, sentir compaixão? Recentemente, deparei-me com uma frase que considerei muito interessante: "Um dos ódios mais profundos e antigos da história é o ódio dos medíocres contra os virtuosos[20]". Realmente, é assim. Essa aversão nada mais é do que uma manifestação exacerbada da insatisfação consigo mesmo, da amargura por não ter conseguido trilhar o mesmo caminho.

20 Essa frase é atribuída ao filósofo e escritor francês Jean de La Bruyère. Ele é conhecido por suas obras de caráter moral e social, sendo uma delas "Les Caractères", publicada em 1688, onde essa frase é encontrada.

É uma maneira eficaz de minimizar a revolta que sentimos contra aqueles que nos ofendem.

- **Quando alguém tenta me puxar para o nível dele e eu não cedo, ele foi vitorioso ou derrotado?**

Ao trazer essa reflexão para nossas vidas, pense em um cenário escolar em que um colega aguardava você na porta da escola, pronto para brigar simplesmente porque você teve um bom desempenho acadêmico. Nesse contexto, você não se deixou levar, recusou-se a entrar em confronto, não revidou e optou por ignorá-lo, seguindo seu caminho para casa. A agressão dele é dele ou sua? Pode ser comparada a uma correspondência equivocada: se recebo uma cobrança endereçada a alguém que não sou eu, logo entendo que foi enviada para o destinatário errado, e o correio deve encaminhá-la de volta ao remetente. Da mesma forma, na vida, ao nos recusarmos a rebaixar ao nível daqueles que nos atacam, estamos adotando a mesma postura. Então, como devemos agir diante de ofensas ou ataques? Devemos proceder como na analogia da correspondência: não nos pertence, portanto recusamos e solicitamos que seja retornada ao remetente.

> ***"Aprofunda-te em tua alma, na alma do Todo, na daquele homem. Na tua, para torná-la justa e imparcial. Na do Todo, para não te esqueceres de que dela és parte. Naquele homem, para saber se agiu por ignorância ou conscientemente, e para te lembrares de que é teu parente."***
>
> **- Marco Aurélio**

- **Já fiz alguma vez um exercício de imaginação para tentar entender as razões daquele que me ofende? Sou corajoso o suficiente para tentar saber se ele está certo em algo?**

Muitas vezes, partimos do pressuposto de que o outro está constantemente sendo injusto conosco, nos agredindo. Isso pode até acontecer, mas vivemos em um mundo dual. É raro que existam razões absolutas, que ele esteja completamente errado. Pode haver um ou dois pontos em que ele está baseado e que esteja certo, ou um ou dois aspectos que possam me ensinar algo. Já parei para refletir sobre as razões pelas quais o outro está agindo contra mim? E investigar se há alguma dose de razão ali? Talvez ele tenha medo de uma possível reação minha; será que eu não poderia acalmá-lo? Mesmo que eu não tenha a intenção de reagir como ele imagina, talvez minha ação não tenha sido convincente o suficiente. Talvez eu não tenha inspirado confiança. É comum eu parar e tentar inspirar confiança para uma conversa saudável? A oratória fornece um bom exemplo dessa postura; para um bom orador, alguém que aponta um defeito ou uma virtude é valioso. Os vícios na oratória podem ser óbvios para os outros, mas não para nós mesmos. Eu acredito que esse princípio da oratória pode ser aplicado à vida como um todo. Às vezes, quem nos aponta um defeito está sendo mais útil do que aquele que só destaca qualidades. Pode haver alguma razão ali que promova nosso crescimento. Já me coloquei no lugar dessa pessoa, tentando entender por que ela não gosta de mim? O que ela vê em mim? Qual é o ponto de vista dela?

- **Já tentei imaginar os propósitos de Deus para incluí-los entre os meus principais propósitos de vida?**

Para esta reflexão, vamos imaginar por um momento que somos como Deus. Embora seja um exercício difícil, tente criar a imagem mais próxima possível, pois mesmo isso já será útil. Diante do mundo como ele está, com todas as dificuldades e dores que enfrenta, o que será que Deus sonha para este momento? Qual seria o desejo Dele? Para onde Ele gostaria que o mundo se encaminhasse? Tente visualizar essa direção, a intenção de Deus para o nosso mundo neste momento. Ao fazer isso, coloque essa meta entre as suas próprias metas de vida, considerando-a com a devida prioridade. Suas metas não devem se limitar apenas ao pessoal, ao egoísta, aos seus próprios interesses, mas considerar também os propósitos de Deus como uma prioridade. Imagine como uma reflexão bem elaborada sobre isso poderia mudar o curso de nossas vidas, preenchendo o vazio com algo significativo que dê um sentido mais profundo à nossa existência, tornando-a mais humana.

EXERCÍCIOS

Aplicaremos na prática tudo o que aprendemos até aqui nesta rodada. Selecionei os seguintes exercícios para isso:

1. **Imaginar, nas situações duras de nossas vidas, como gostaríamos de ter sido tratados. Imaginar em detalhes e programar-se para fazer isso por alguém na primeira oportunidade.**

Nesta nona semana, reflita sobre as situações em que você foi maltratado, injustiçado ou ridicularizado por alguém. Pergunte a si mesmo: como eu gostaria de ter sido tratado nessas circunstâncias? Quando cometi determinado erro, quando deslizei, o que teria sido benéfico para mim diante dessa situação? O que teria sido educativo? A partir dessa reflexão, quando alguém cometer um erro, faça o que você gostaria que tivessem feito com você. Pratique e observe se funciona, se o resultado é benéfico. Transforme suas dores em aprendizados, pois assim elas terão valido a pena. Você foi vítima, e agora não será mais o causador da dor por causa disso. O fato de ter sido vítima agora o impede de perpetuar a dor. Aquilo que gostaria que tivessem feito com você, pratique fazer com os outros. Assim, suas dores serão justificadas. Não haverá mais marcas da arbitrariedade, dos traumas. Essas dores servirão para evitar que você se torne um perpetuador de sofrimento no mundo.

2. **Fazer uma lista: o que eu já sei de mim. Defeitos e qualidades. E passar uma semana atento, para compreender se essas observações são mesmo reais.**

Anote tudo o que você sabe a seu respeito e observe, pois temos uma tendência a criar uma autoimagem muito exagerada. Por exemplo, se considero a mim mesmo uma pessoa muito organizada, devo prestar atenção às minhas gavetas, meu ambiente de trabalho e minha agenda. Verifique se essa percepção corresponde à realidade ou se é apenas uma fantasia. Dedique uma semana para avaliar o que pensa sobre si mesmo e sempre siga o seu rastro. Como disse Shakespeare[21]: "Apenas vossas obras

21 William Shakespeare foi um dos mais renomados dramaturgos, poetas e autores da literatura mundial. Ele nasceu em Stratford-upon-Avon, Inglaterra, em 23 de abril de 1564, e faleceu em 23 de abril de 1616. Shakespeare é amplamente considerado o maior escritor da língua inglesa e é conhecido por suas peças teatrais, sonetos e outros trabalhos poéticos. A citação "Apenas vossas obras vos conhecerei" é uma frase atribuída a Shakespeare, que é uma adaptação de um trecho de sua peça "Hamlet". A passagem original, encontrada no Ato 3, Cena 1, é: "By the pricking of my thumbs, something wicked this way comes." ("Pelo formigar dos meus

vos conhecerei". Ou seja, conheça-se sempre pelo rastro que você deixa no mundo, começando por verificar se a imagem que tem de si mesmo é verdadeira ou apenas uma fantasia.

3. **Perguntar a um verdadeiro amigo, sincero, leal e com algum grau de sabedoria, como ele nos vê. Fazer uma segunda lista com estas respostas e compará-las.**

Avalie se existem pontos que se assemelham, tanto para o bem quanto para o mal, e que não condizem com a visão que você tem de si próprio. Às vezes, até mesmo em relação às qualidades, ocultamos de nós mesmos nossas próprias virtudes, porque assumi-las nos obrigaria a agir em conformidade com elas. É como se você não quisesse emprestar dinheiro para alguém e dissesse "não, não tenho dinheiro". Porque ao assumir que tem dinheiro se sentiria compelido a emprestar. É um exemplo simples, mas ilustra o que fazemos com nossas próprias qualidades. Se eu assumir que sou generoso, uma vez que alguém necessitar de ajuda, me sentirei obrigado a ajudar. Então, finjo que não tenho essa qualidade, mas aqueles que nos enxergam verdadeiramente, pelo amor que tem por nós, percebem nossa generosidade. Somos, portanto, obrigados a assumi-la, trazê-la à tona e nos responsabilizarmos por ela. A comparação entre essas duas listas sempre resulta em boas consequências. Digo isso por experiência própria. Não há nenhum exercício proposto neste livro que eu já não tenha tentado fazer em algum nível. E posso afirmar com segurança que todos eles me proporcionaram muitos benefícios.

---

polegares, algo maligno se aproxima" - em tradução livre).

ANOTAÇÕES DOS EXERCÍCIOS:

10ª Ronda: Autocontrole

Para esta ronda, novamente separei três citações. A primeira delas é de Epicteto, que nos diz o seguinte:

> ***"A vida interior depende de nós; as coisas externas, não. Tentar controlá-las gera frustração, ansiedade e tendência à crítica".***
>
> **- Epicteto**

Aqueles que me acompanham sabem que sempre cito Epicteto, costumava dizer que, quem naquilo que diz respeito a ele mesmo, no que está sob seu total controle (sua atitude e suas decisões), não faz nada, enquanto nas coisas que dependem dos outros, ele fica eternamente protestando. Isso é ser um escravo, isto é, lutar em vão contra o que não está ao seu alcance, enquanto negligencia o que está ao seu controle. Essa reflexão ecoa fortemente a noção estoica de autonomia, de não se tornar uma marionete nas mãos das circunstâncias.

> ***"Vida superior é serena; deixe de se impacientar com cada coisa que lhe acontece; não alimente expectativas cuja frustração lhe abale."***
>
> **- Epicteto**

Esta reflexão nos revela a importância de ter um ideal, uma orientação definida, e de sempre nos esforçarmos ao máximo em cada passo, mas sem alimentar expectativas em relação às circunstâncias ou às outras pessoas. Quando pensamos "Ah, se não chover, eu farei determinada tarefa", devemos, na verdade, nos preparar tanto para a possibilidade de chuva quanto para a de não chover. Evitar criar expectativas irreais, cuja frustração possa prejudicar nosso ânimo.

> ***"Devo ser homem de bem a despeito do que fizerem ou disserem. É como se o ouro, a esmeralda ou a púrpura repetissem: — A despeito do que fizerem ou disserem, devo ser esmeralda e ter esta cor."***
>
> **- Marco Aurélio**

É fascinante observar como circunstâncias externas não podem alterar as características de uma pedra ou transformar uma flor em outra. Se esses seres conseguem manter sua identidade, independentemente das circunstâncias, por que nós, que possuímos uma capacidade superior de resistência, permitimos que elas nos alterem, nos afetem e nos corrompam com influências negativas? Assim como nós, esses seres podem ser destruídos ou mortos, mas não podem ser corrompidos; eles permanecem fiéis à sua essência. Essa ideia ecoa uma máxima filosófica atribuída a Kant[22]: as circunstâncias podem nos matar, mas não nos corromper. Portanto, não alimente expectativas em relação às circunstâncias. Planeje e dê o seu melhor a cada passo, independentemente do terreno sob seus pés.

REFLEXÕES

Está na hora de nos aprofundarmos em outra rodada de reflexões, abordando individualmente cada uma dessas citações.

> ***"A vida interior depende de nós; as coisas externas, não. Tentar controlá-las gera frustração, ansiedade e tendência à crítica."***
>
> **- Epicteto**

- **E se, em vez de criticar e me impacientar com o trânsito, eu me programar para sair meia hora mais cedo de casa?**

---

22 Immanuel Kant (1724-1804) foi um dos filósofos mais influentes da história da filosofia ocidental. Ele nasceu e viveu em Königsberg, na Prússia (atualmente Kaliningrado, Rússia). Kant é amplamente conhecido por seus trabalhos na epistemologia, ética, metafísica e estética. Sua filosofia teve um impacto profundo em muitas áreas do pensamento, incluindo ética, teoria política, estética e epistemologia.

É fascinante notar como frequentemente reagimos diante de situações como essa. É comum nos vermos envolvidos em debates sobre a expectativa de que a administração municipal ou a prefeitura intervenham para melhorar as condições das vias públicas. No entanto, e se, em vez disso, decidíssemos sair meia hora mais cedo? Essa decisão está inteiramente ao nosso alcance. Podemos realizá-la, ao passo que, neste momento, não podemos alterar as condições do trânsito em nossa cidade. Gastamos energia protestando contra o que está fora de nosso controle e negligenciamos o que está sob nosso domínio. É uma forma de escravidão.

- **E se, no lugar de ficar ansioso pelo fim da crise, eu fizesse o possível, hoje, para me movimentar dentro da crise, ou seja, para minimizar os sofrimentos de alguém que foi mais atingido por ela do que eu?**

E se, em vez de ficarmos ansiosos pelo fim da crise, cujo término é incerto, fizéssemos o possível hoje para nos movermos dentro dela? Isso implica não ficar parado, não permanecer estático, mas, sim, minimizar o sofrimento daqueles que foram mais afetados por ela do que nós. Em vez de esperarmos passivamente por um salvador da pátria que resolva tudo por nós para que possamos, então, colher os resultados, por que não agimos dentro da crise? Mesmo que permaneçamos em casa, podemos contribuir de diversas formas para ajudar aqueles que estão em situação mais vulnerável do que a nossa.

Tenho abordado esse tema em muitas palestras, enfatizando a importância de ações como ligar para o mercado e solicitar uma entrega para alguém que não pode fazê-lo, enviar uma cesta básica, auxiliar uma instituição, compartilhar mensagens de incentivo nas redes sociais e outras iniciativas que possamos imaginar. Todos nós temos uma grande capacidade criativa.

Gosto muito da analogia do palco e costumo usá-la frequentemente. Funciona assim: se eu lhe pedisse para resumir a história da Branca de Neve em 30 segundos, você certamente começaria com "Era Uma Vez...", mas eu o interromperia, pois só teríamos 30 segundos e não haveria tempo suficiente para concluir a história. No entanto, dentro desse breve espaço de tempo, poderíamos destacar os principais acontecimentos: a madrasta ordena a morte da princesa, o caçador não tem coragem de fazê-lo, os anões acolhem a princesa, a madrasta envenena a Branca de Neve, ela adormece, a madrasta é punida, o príncipe a desperta com um beijo e eles vivem felizes para sempre.

Todos os elementos essenciais da história foram abordados. Assim, mesmo dentro do palco limitado que nos é dado – nossa casa, nossas circunstâncias – , podemos realizar muito. Devemos lembrar que, mesmo com a média de 76,6 anos de vida, que é o tempo médio para um brasileiro, nosso palco é limitado e, ainda assim, devemos nos expressar da melhor forma possível.

- **E se, em vez de querer controlar a vida dos meus filhos, eu controlasse melhor a minha e desse exemplo de uma vida de valor para eles?**

É natural querermos lutar contra as circunstâncias, querermos mudar o outro em vez de mudarmos a nós mesmos. Às vezes, por amor e pelo desejo de proteger nossos filhos, tentamos ditar seus caminhos e escolhas, mas isso não é adequado. Não podemos tomar a vida deles para nós; suas vidas são deles. Então, ao invés de tentar controlar o que eles fazem, por que não controlamos o que fazemos e damos um exemplo poderoso por meio de nossas próprias escolhas bem-feitas ao longo dos anos?

Quando pais me perguntam como evitar que seus filhos tenham más companhias ou ouçam maus conselhos, sempre respondo da mesma forma: seja uma companhia maravilhosa. Seja um exemplo, seja uma referência na vida deles. Suas palavras têm um peso muito maior do que qualquer influência externa. Faça com que eles o admirem. Assim, você terá influência sobre eles e sobre outros ao seu redor, ajudando não apenas seus filhos, como também muitas outras pessoas.

Agir de forma inteligente para melhorar as circunstâncias, sem tentar controlá-las ou lutar contra elas, é essencial.

> ***"Vida superior é serena; deixe de se impacientar com cada coisa que lhe acontece; não alimente expectativas cuja frustração lhe abale."***
>
> **- Epicteto**

- **Se eu só espero, do meu dia, que eu tenha sido fiel aos meus valores durante todo ele, como um dia pode ser ruim, se consigo fazer isso?**

Se eu estabeleço como objetivo para o meu dia simplesmente não trair a mim mesmo, pouco importa se o dia amanheceu ensolarado ou chuvoso, se as interações foram gentis ou rudes. Se eu alcançar essa meta, considero o dia cumprido conforme minhas expectativas. A única fonte de tristeza real é se eu falhar em ser fiel a mim mesmo. Quando isso ocorre, é crucial refletir sobre o que deu errado e aprender com isso para evitar reincidências. Quanto às circunstâncias que fogem ao nosso controle, devemos nos esforçar para lidar com elas da melhor forma possível, dando o nosso melhor. As flutuações dessas circunstâncias não devem ter o poder de nos abalar; devemos nos manter firmes diante delas.

- **Como posso ficar impaciente se a minha expectativa é só de que eu mesmo faça a minha parte da melhor maneira possível, aceitando que cada um faça (ou não faça) o que quiser com suas partes?**

Se eu compareço ao meu trabalho e um dos meus amigos falta, enquanto o outro executa suas tarefas de forma inadequada, eu continuo a realizar o melhor que posso. Aqueles que buscam referências podem encontrar em mim uma fonte confiável, pois há mais pessoas interessadas em referências do que podemos imaginar. Estas serão influenciadas por minhas ações, enquanto outras seguirão seu próprio caminho.

A jornada de cada indivíduo está sujeita à lei do Karma, uma filosofia oriental que afirma que cada ação gera uma reação. Ao continuar a dar o meu melhor, aqueles que se inspiram em mim provavelmente também crescerão. Portanto, esforço-me ao máximo por eles. Quanto àqueles que se recusam a isso, acabam ficando estagnados em meio a seus próprios defeitos, até que estejam prontos para enfrentá-los.

No entanto, fazer o meu melhor garante que minhas próprias expectativas sejam alcançadas, sem tentar exercer controle sobre o universo. Posso educar o maior número possível de pessoas com meu exemplo e, se desejarem mais, com as minhas palavras ou orientações. Porém, se optarem por seguir seus próprios caminhos, com seus erros e problemas, resta-me simplesmente aceitar suas escolhas e continuar minha jornada.

> ***"Devo ser homem de bem a despeito do que fizerem ou disserem. É como se o ouro, a esmeralda ou a púrpura repetissem: — A despeito do que fizerem ou disserem, devo ser esmeralda*** **e ter esta cor."**
>
> **- Marco Aurélio**

- **Imagine alguém que um cão late para ele na rua, e essa pessoa responde latindo de volta. Isso, além de ser ridículo, não deve ser feito por uma razão simples: eu sou humano e ele é cão. Por mais que o animal seja ameaçador, ele não pode reduzir um ser humano à condição de cão, pois isso não lhe corresponde. Porque, então, deixo que pessoas com um comportamento brutalizado e desumano me reduzam ao nível de consciência delas? Não estou seguro de quem sou eu?**

Observe se eu não cometo esses absurdos em relação a um cão, pois reconheço sua natureza canina. Sou humano, porém muitas vezes agimos de forma desumana. Pode haver momentos na vida de uma pessoa em que ela se expresse de maneira pior do que um cão; pode estar totalmente brutalizada, reduzida à animalidade naquele instante. Eu não posso me rebaixar ao nível dela, pois é fundamental manter minha própria identidade e reconhecer a dela. Caso contrário, seremos arrastados por todas as circunstâncias, até mesmo o vento poderá nos irritar e nos levar a uma reação desproporcional.

A consciência de nossa identidade nos protege de reagirmos impulsivamente às ações alheias. Se não mantivermos essa clareza, seremos eternamente reativos na vida, em vez de ativos.

EXERCÍCIOS

Para encerrar esta décima ronda, indico os seguintes exercícios:

1. **Toda vez que algo me atrapalhar ou perturbar, antes de sentir raiva ou reagir mal, perguntarei a mim mesmo: o que eu posso fazer para que, em uma outra ocasião, isso seja mais suportável, mais fácil? Como posso reagir de forma a dar uma solução ao problema, ainda que parcial, em vez de só procurar culpados?**

É como aquela ideia que ocasionalmente expressamos: “Por aqui não me pegam mais”. Significa que essa circunstância, desse jeito, não terá mais controle sobre mim. Eu passarei por ela com atenção redobrada, sem permitir que me desvie do meu centro. Toda vez que algo me tirar do eixo, observarei qual estratégia está sendo utilizada para me reposicionar de maneira firme, sólida e equilibrada, de modo que não seja mais arrastado por ela. Assim, não cairei mais nessa armadilha, não tropeçarei mais nesse buraco; estou alerta e sei como superá-lo.

Então, vejamos, algo me afetou. Procuro compreender por que isso me afetou e buscarei uma reação adequada à situação, ou seja, algo que me atingiu. Durante esta semana, refletirei sobre como resolver esse problema para que não me afete mais, mesmo que seja uma solução parcial que posteriormente aprimorarei. Decidirei lidar com isso sem perder o equilíbrio, buscando uma saída digna. Em seguida, aperfeiçoarei essa saída e buscarei maneiras de crescer para que situações semelhantes não me afetem novamente.

Não voltarei para casa cheio de raiva, ódio e culpando quem abriu aquele buraco, quem provocou aquela situação. Em vez disso, aprenderei a me proteger dessas situações ou aprimorar meu senso de alerta, minha capacidade de caminhar sem tropeçar, em vez de odiar quem provocou os tropeços.

É importante ressaltar que aqueles que colocam obstáculos em nosso caminho não o fazem necessariamente contra nós pessoalmente; trata-se mais de uma questão pessoal deles do que nossa. Quem coloca obstáculos revela mais sobre si mesmo do que aquele que tropeça. Essa pessoa demonstra um defeito de caráter, uma tendência a ser uma influência negativa na vida dos outros. Ela provavelmente está enfrentando desafios próprios e não precisa do nosso ódio, que não trará benefício algum nem a ela nem a nós.

O ódio não oferece solução para nenhum problema. Portanto, se tropeçar, buscarei formas de melhorar para evitar tropeçar novamente, em vez de procurar culpados.

2. **Lembrar dos momentos serenos e felizes, e perguntar à dificuldade: você é tão poderosa a ponto de poder tirar de mim algo tão especial e que amo tanto?**

No meio das dificuldades, como já discutimos, se soubermos manter em mente as coisas mais belas da vida – os momentos mais positivos, as músicas mais inspiradoras que já ouvimos –, permaneceremos sóbrios, equilibrados e confiantes, mesmo no olho do furacão. No centro da situação, poderemos emergir com muito mais chance de sucesso. Tudo começa no plano mental. Não devemos esquecer disso. As dificuldades não têm o poder de nos privar de nossas boas memórias, de nossa confiança em nós mesmos, de nossas esperanças, do que nos acalma, do que nos equilibra. Sempre teremos esses recursos ao nosso alcance.

ANOTAÇÕES DOS EXERCÍCIOS:

11ª Ronda: Discernimento

Chegamos à décima primeira ronda, que tem como tema o discernimento. Antes de prosseguir, quero lembrá-lo de que cada ronda deve ser detalhadamente explorada. É necessário que você reflita sobre as questões propostas, acrescente suas próprias reflexões e pratique os exercícios sugeridos. Sugiro que, ao realizar essas rondas pela primeira vez, evite introduzir novos ensinamentos. Primeiro, assimile estes; inserir muitos outros ensinamentos pode impedir a assimilação efetiva. O propósito deste nosso grande exercício é assimilar novos hábitos, passando por todas as 15 rondas, três vezes ao ano. No final, após ter assimilado todo esse conhecimento, talvez seja o momento de adicionar os ensinamentos que você julgar pertinentes, bem como novas reflexões e exercícios que possam contribuir para a assimilação contínua. E não se esqueça: ao realizar um exercício, é importante anotar os resultados em um diário, registrando suas percepções e *insights* significativos. Afinal, estamos nos comprometendo a adquirir novos hábitos e a internalizar certos ensinamentos ao longo de um ano. Portanto, não recomendo começarmos questionando e modificando; inicialmente, vamos executar o que está proposto aqui. No próximo ano, você poderá revisitar todo o processo com suas próprias percepções e ajustes.

Seguindo, vamos direcionar nossa atenção para as frases propostas, começando com Epicteto.

> ***"Não julgar acontecimentos; aprender com eles. Os acontecimentos são impessoais e neutros. Aprender com os fatos exige coragem, pois à nossa volta não se os vê assim, mas com visão simplista e polarizada."***
>
> **- Epicteto**

Quando algo acontece, nos perguntamos: foi bom para mim? Se sim, ficamos contentes; se não, ficamos tristes. Não existe a opção de, aconteça o que acontecer, vou refletir e observar o que tenho a aprender com isso. Porque se aprendo, tendo sido algo agradável ou desagradável, acaba sendo positivo para mim de qualquer forma. Às vezes, até cresço mais nas situações desagradáveis do que nas agradáveis. Sabe-se lá por que, tendemos a ficar mais reflexivos na dor do que no prazer. Então, em geral, a visão das pessoas é muito polarizada. Temos que aprender a ter ânimo de aprendiz, a nos colocar diante da situação e perceber que outra pessoa poderia passar pelo mesmo. Não acharia tão ruim assim. Portanto, a negatividade não está no acontecimento em si, mas no ponto de vista que tenho em relação a isso; os acontecimentos em si são neutros. Eu posso escolher me apaixonar por eles, olhar ou aprender com eles.

> ***"Não perdemos nada; as coisas voltam para o lugar de onde vieram, quer sejam objetos ou pessoas. Devemos cuidar do que temos agora, enquanto a vida nos permite tê-lo."***
>
> **- Epicteto**

Por isso, Marco Aurélio, grande filósofo estoico que está presente em nossas reflexões, frequentemente nos incentiva a encarar a morte como uma conselheira. Reconhecemos que até mesmo nossa existência física é passageira, um empréstimo que será devolvido à natureza. Portanto, tanto nosso corpo físico como todas as aquisições que fizemos através dele são efêmeros. Devemos compreender que as coisas que nos cercam não permanecerão conosco eternamente. Haverá um último momento, um último suspiro. Contudo, não é para nos afundarmos em dramatismo ou sofrimento, mas, sim, para abraçarmos cada dia como especial, cada momento como valioso e único. Recentemente, deparei-me com uma história comovente: uma pessoa jovem que perdeu o esposo de maneira trágica em um acidente. Ela demonstrou com emoção sua gratidão por terem se despedido da maneira mais amorosa, como se fossem um casal de namorados. Ela refletiu: "Agradeço por termos nos afastado em paz. Não consigo nem imaginar o peso de uma partida em meio a uma briga". Essa reflexão me fez pausar e ponderar. Ela nos lembra que qualquer dia pode ser significativo em todas as suas nuanças, inclusive em nossa relação com nosso próprio corpo, que é apenas temporário. Essa não é uma reflexão mórbida, mas, sim, uma atitude de estar atento às oportunidades da vida enquanto elas estão em nossas mãos.

> ***"Aprender a pensar com clareza; treinar lógica para reconhecer raciocínio inconsistente e enganoso. Razão dirige a vida; portanto, ter clareza e coerência no pensamento."***
>
> **- Epicteto**

Nós estamos cercados de incoerências e frequentemente acreditamos nelas, até mesmo as propagamos adiante. Por exemplo, acreditamos que para sermos justos com alguém, precisamos primeiro odiá-lo. Isso é um absurdo, algo comum quando lidamos com situações familiares, como quando nosso filho comete uma travessura e sentimos que é nosso dever corrigi-lo. A pior atitude que podemos tomar é falar com ele irritado; certamente seremos desproporcionais. É necessário permitir que a consciência do amor prevaleça. Ele é seu filho, e é o carinho que você sente por ele que deve guiar seu julgamento, assim como em uma equipe de trabalho ou em qualquer situação. Não encontro em nenhum ponto de nossas vidas onde o ódio seja realmente útil, a menos que seja sublimado em força e determinação. Porém, como ódio, não ajuda ninguém a ser justo. Ele retira a lucidez e faz com que as pessoas se tornem vingativas. E, no entanto, nós recebemos mensagens de ódio, as adotamos, as aceitamos e ainda as propagamos adiante, sabendo que a única função do ódio é destruir. Não é corrigir nem aperfeiçoar, apenas destruir. E continuamos a espalhar essa pequena bomba atômica psicológica que todos carregamos dentro de nós em potência, em vez de desarmá-la definitivamente. Por que fazemos isso? Falta de reflexão, falta de conhecimento sobre o que as coisas realmente são. Afinal, o que é o ódio? Analise qual foi o momento em que agiu com ódio e tirou uma conclusão positiva, chegou a um resultado bom, ou tomou a atitude certa. Não só em sua vida, mas na vida de todos aqueles que conhece, é fácil percebermos que nunca nos deparamos com uma decisão baseada no ódio que tenha beneficiado alguém, e de fato acredito que não seja possível que isso aconteça, por simples lógica. Então por que não usamos a lógica, por que não refletimos? Lembre-se da frase de Epicteto: "Proteja sua razão e ela protegerá você".

Reflexões

É hora de retornar a cada uma das citações para nos aprofundarmos nas reflexões sugeridas.

> ***"Não julgar acontecimentos; aprender com eles. Os acontecimentos são impessoais e neutros. Aprender com os fatos exige coragem, pois à nossa volta não se os vê assim, mas com visão simplista e polarizada."***
>
> **- Epicteto**

- **Quantos dos meus pensamentos são realmente meus?**

Examine o interior de si mesmo e veja se não há opiniões simplistas e polarizadas sobre diversos assuntos, tais como: "Isso é bom", "isso é mau", "isso é péssimo", "isso não funciona", "isso é maravilhoso". Inclusive, essa forma de avaliação é uma das causas de nossas grandes decepções. Quando olhamos para um ser humano bom, um amigo, uma pessoa querida, muitas vezes esquecemos que ele também tem seus momentos de fraqueza. Portanto, precisamos estar preparados para que, em algum momento, ele possa falhar, cometer erros, nos ofender ou magoar de alguma forma. Esses momentos não fazem dele menos um amigo, muito pelo contrário. Mas quando criamos a falsa ideia de que aquela pessoa é perfeita, criamos expectativas sobre ela e, naturalmente, na primeira falha que cometa, nos sentiremos profundamente decepcionados. Isso pode levar ao rompimento de relações, e muitas vezes colocamos a culpa no outro, que já cometeu um erro, sem considerar nossa própria responsabilidade por esperar que o amigo seja um anjo e não um ser humano. Afinal, anjos não estão por aí, fazendo amizades tão facilmente. Se temos um ser humano diante de nós, devemos ajudá-lo a superar suas próprias fraquezas, e controlar as expectativas que colocamos sobre ele. Costumo chamar isso de "psicologia de telenovela", um maniqueísmo simplista. O bom será sempre bom, o mau será sempre mau, até o fim dos tempos. Somos a mistura do bem e do mal, estamos aqui para nos ajudar mutuamente, para que a luz prevaleça em nós e nos outros. Não devemos julgar de forma simplista e polarizada. Isso não é um pensamento seu, não foi submetido à sua lógica. É necessário refletir e perceber quais desses pensamentos foram submetidos ao seu crivo. Em determinados momentos, é fundamental reconstruirmos a nós mesmos, pensamento por pensamento, concepção por concepção. Isso é crucial.

- **Um amigo perdeu um emprego, como eu, e, em vez de se lamentar, dedicou-se a outra coisa que lhe trouxe resultados muito melhores. Perder o emprego é necessariamente bom ou ruim?**

É importante observar que, às vezes, consideramos nossa desgraça um acontecimento que tem o potencial de nos impulsionar para conquistas grandiosas, se assim o enxergarmos. Os acontecimentos são neutros; devemos analisar como lidamos com eles. Por exemplo, você já se sentiu tão acomodado em certo ponto que apenas um poderoso solavanco da vida poderia tirá-lo dali? Mesmo que proteste em um primeiro momento, seguir poderia levá-lo a descobrir algo muito mais alinhado com sua natureza, algo que traria uma contribuição muito maior ao mundo. Mas, se não fosse por aquele despertar, não teria encontrado. Portanto, não devemos julgar os acontecimentos da mesma forma que não devemos julgar as pessoas. Alguns eventos são realmente trágicos, dolorosos e difíceis de superar. No entanto, sempre podemos extrair algum aprendizado, mesmo nos momentos mais dolorosos, como a perda de alguém que amamos. Sempre podemos refletir sobre isso: que defeito posso superar graças ao exemplo dessa pessoa em minha vida? Como posso me tornar um pouco melhor agora em homenagem ao que ela significou para mim? Sempre há algo a aprender em qualquer circunstância.

> ***"Aprender a pensar com clareza; treinar lógica para reconhecer raciocínio inconsistente e enganoso. Razão dirige a vida; portanto, ter clareza e coerência no pensamento."***
>
> **- Epicteto**

- **Por que, em tantos casos, quando se perde uma pessoa querida, ficamos cheios de culpa e arrependimento?**

Em uma relação em que estamos presentes de corpo e alma a cada momento, dando o nosso melhor, a perda de um ente querido provocaria a dor inevitável que isso causa, mas não culpa e arrependimentos. Culpa e arrependimento surgem porque estamos acostumados a atravessar a vida sempre em débito; quando não é um débito físico, é financeiro, psicológico, moral, espiritual, mas sempre um débito. E se tentássemos quitar todas as nossas dívidas, de todos os tipos, todos os dias?

Se eu amo alguém, deixarei essa pessoa saber que eu a amo, talvez ela esteja precisando disso hoje. Eu tenho que reservar um tempo para as pessoas, para que elas saibam que podem contar comigo. Devo organizar bem o meu dia para que esse tempo exista, para que eu não deixe as pessoas para trás. Isso é muito importante porque é comum deixarmos nossas prioridades fora de ordem, e não me excluo disso. Às vezes, priorizamos coisas sobre pessoas; devemos estar atentos para corrigir esse comportamento. O sentimento de culpa é sinal de que não estamos organizando bem as nossas prioridades.

- **Se eu acreditasse que nada é realmente meu, não seria mais fácil lidar com a perda das coisas?**

Você já contemplou um pôr do sol e se questionou: quantos desses ainda terei a oportunidade de testemunhar? E o nascer do sol, ainda mais magnífico, traz consigo algo de infantil, de renascimento, de nova oportunidade. Quantos desses espetáculos ainda poderei presenciar? Grandes homens da história testemunharam esse espetáculo e dele extraíram muitas inspirações. E eu? O que posso extrair disso?

Isso me ajuda a aprender a valorizar cada dia, a observar os detalhes da vida e a ponderar sobre o que realmente me faria falta se eu morresse amanhã? Devemos refletir melhor, saborear melhor os dias. Quando eles se forem, ou quando nós partirmos, talvez não haja um drama tão grande assim. Se soubéssemos viver cada momento que a vida nos deu como uma oportunidade verdadeira, perceberíamos que nada de fato nos pertence.

Por isso, não podemos passar a vida inteira sem cuidar daquilo que é verdadeiramente nosso: nossos princípios, nossos valores, nossa identidade mais profunda. O restante, certamente, não nos pertence e terá que ser devolvido ao dono. O máximo que podemos fazer é aproveitar bem enquanto está conosco.

- **Se você me emprestar algo, deixo de ser grato na hora de devolver esse objeto?**

O mais lógico é sermos gratos pelo tempo que nos foi permitido usufruir desse objeto. Sei que é difícil e complexo. Cada vez que as coisas se vão da nossa vida, o correto é termos esse tipo de reflexão, lembrarmos que nada é realmente nosso. Por exemplo, recordo-me de uma ocasião quando cheguei à beira de uma praia, um local onde as pessoas só vão para férias, para o fim de ano, e o ano inteiro fica vazio. Ali havia grandes mansões e as crianças dali, filhas de pescadores, subiram nos muros, pularam na areia e rolaram, brincaram muito. Eu fiquei pensando, quem será que realmente é dono desse muro, desse imóvel? Quem mais está usufruindo dele? Essa noção de que somos os donos das coisas naquele momento me pareceu uma grande bobagem. Imagine-se dizendo a um pedaço de terra que ele é seu. Se ela pudesse responder, o que diria? "Pobre coitada, estou aqui há bilhões de anos, você é que é meu, e logo sou eu que vou cobrir o seu corpo sem vida." Então, temos que lembrar sempre que nada é nosso de verdade; devemos usufruir da melhor maneira possível enquanto estivermos com isso e saber ser gratos quando chegar o momento de devolvê-lo ao legítimo dono.

> *"Aprender a pensar com clareza; treinar lógica para reconhecer raciocínio inconsistente e enganoso. Razão dirige a vida; portanto, ter clareza e coerência no pensamento."*
>
> - Epicteto

- **Por que me convencem de que o ser humano é mau se eu conheço um monte de pessoas boas?**

Hoje, a maior propaganda que existe é contra a humanidade. Frases como "Não confie no ser humano", "O ser humano é corrupto", "O ser humano não tem jeito", "O ser humano não presta" são ditas milhares de vezes todos os dias no mundo todo. Mas quantas pessoas ao longo da nossa vida, pessoas que conhecemos, eram realmente bandidas corruptas? Se pararmos para contar, se resumem a menos de 5%, enquanto 95% das pessoas com quem interagimos eram pessoas de bem. Às vezes não excepcionais, mas pessoas normais que estavam tocando as suas vidas. Por que então deixamos que nos convençam que a maior parte das pessoas não é boa? Se essa não é evidência de que recolhemos no nosso dia a dia, isso se deve ao fato de que não estamos pensando, estamos nos deixando arrastar pelas circunstâncias.

- **Por que eu acredito que devo caminhar com todo mundo se todos estão indo para um precipício?**

Esta reflexão nos confronta com o grande medo de ter uma posição pessoal lógica, justa e sensata, mas que seja diferente da multidão. Essa posição não implica isolamento, mas, sim, estar acompanhado daqueles que desejam pensar ou que já pensam como você, além daqueles que desejam ser inspirados pelo seu exemplo, que querem aprender com você.

Qual é o sentido de sermos amados por pessoas que pensam de forma tão diferente de nós se não estamos interessados em sua forma de vida? Talvez uma carência profunda. E é possível que até essas pessoas, em algum momento, quando precisarem de algo mais sólido, mais consistente, venham até você e não recorram aos seus amigos do abismo. Mas é preciso aceitar que, por sermos quem somos, teremos ao nosso redor um grupo de pessoas que apreciam o que somos. Não devemos desejar ser amados por todos, porque, como sabemos, isso é impossível. Nem mesmo os grandes homens que marcaram a história conseguiram tal feito.

- **Por que me convencem a odiar pessoas e situações sem razão, se eu sei que o ódio sempre provoca desastres, e nada de bom?**

Por que permitimos que nos convençam a pensar e sentir negativamente? Não há nada mais estranho do que seguir o sentimento coletivo. Eu amo, por quê? Porque todo mundo ama. Eu odeio, por quê? Porque todo mundo odeia. Nesse contexto, nem seus pensamentos, nem seus sentimentos são realmente seus. Se temos consciência desse arrastão psicológico e emocional, por que o seguimos? Por que vivemos nesse embalo, por que não somos capazes de construir uma identidade própria e respeitá-la? É uma boa reflexão para esse princípio.

EXERCÍCIOS

Para que possamos incorporar as reflexões em nosso cotidiano, separei os seguintes exercícios:

1. **Anotar, em uma lista, coisas que gosto e, em outra coluna, o que eu não gosto. Perguntar-se: gosto mesmo dessas coisas ou estou querendo apenas porque todos gostam?**

Lembre-se de que já mencionei várias vezes a importância de manter um diário para anotar as observações de cada uma das rondas. Este exercício não exclui essa necessidade; pelo contrário, complementa-a. Na semana da 11ª ronda, você deve listar as coisas que gosta e, em outra coluna, as que não gosta. Em seguida, questione-se: realmente gosto dessas coisas ou apenas as quero porque todos gostam? Tente imaginar a situação em que está desfrutando dessas coisas. É uma situação verdadeiramente confortável, de serenidade e paz de espírito, ou é apenas uma alegria fútil que deixa um gosto amargo depois? Pode ser que pense que gosta, mas, na realidade, não goste. Estamos tão massificados que às vezes não sabemos distinguir o que realmente apreciamos do que rejeitamos. Portanto, reflita sobre essa lista. Lembre-se de momentos em que está experienciando esses itens e veja se a lista reflete sua realidade.

2. **Realmente não gosto dessas coisas, ou rejeito porque todos rejeitam?**

Será que realmente não gosto dessas coisas ou estou sendo influenciado por todos aqueles que as rejeitam? Por que, de fato, as rejeito? Qual é o fator determinante que me faz gostar do que gosto e rejeitar o que rejeito? Tenho alguma reflexão fundamentada para isso? Alguma experiência pessoal, ou é apenas porque está na moda pensar e reagir assim?

3. **Quando experimentei essas coisas e concluí que gostava ou não gostava? Ou eu nem as conheço?**

Quando se trata de seres humanos, por exemplo, eu odeio alguém só não tem nenhuma experiência com essa pessoa. Você está se baseando no que os outros disseram que ele é. E os outros, normalmente inimigos dessa pessoa, não têm nenhuma experiência com essa pessoa. É muito estranho porque tanto em uma vida polarizada você ouvir as opiniões que uma pessoa tem, quando essa pessoa é declaradamente inimiga da outra, você está comprando um passe para ter uma visão parcial contaminada, você não conhece os dois lados. Então, por que eu posso exprimir um sentimento por algo a alguém do qual eu não sei absolutamente nada? Quando eu sei que essas pessoas, em que estou confiante constantemente ao longo da vida, algo que já é raro, já foram injustas? Porque eu aposto nisso, porque eu me deixo massificado dessa forma.

ANOTAÇÕES DOS EXERCÍCIOS:

12ª Ronda: Saber Viver e Morrer

A décima segunda ronda de nossa agenda estoica aborda o tema de saber viver e morrer. Mais uma vez, selecionei três citações valiosas para nos auxiliar na dissertação sobre este assunto. A primeira delas é:

> ***"Tu morrerás, não porque estás doente, mas porque vives".***
>
> **- Sêneca**

A morte em si é uma consequência natural, conforme nos relembra Sêneca: "Tu morrerás porque vives". Trata-se de uma dualidade que nunca será desfeita, pois o mundo inteiro é dual. Devemos aprender a transitar entre vida e morte, compreendendo que essa transição é inevitável e nos preparar para ela. No entanto, é uma ilusão pensar que um dia não morreremos, sendo isso mais honestamente uma fantasia. Assim, morremos simplesmente porque nascemos, em algum momento, porque estamos vivos, e não necessariamente por estarmos doentes. É apenas porque chega um momento em que nosso corpo cumpriu sua "quilometragem prevista", como dizemos dos nossos automóveis. Isso é natural, e devemos estar preparados para essa ideia.

> ***"Fidelidade é atitude correta diante do Supremo; crer na vida como um todo ordenado segundo leis (confiança). Não querer controlar o que não depende de nós. A fidelidade é o antídoto da amargura e da perplexidade. Dá-nos a convicção de que estamos prontos para qualquer coisa que a ordem divina pretenda de nós."***
>
> **- Epicteto**

Se você não acredita que para toda causa existe um efeito correspondente, então você não confia na ordem do universo. Nesse caso, é tentador desistir. Filosofar parece ser uma perda de tempo. Parece que, não importa o que eu faça, os resultados são aleatórios e não refletem minhas ações. Por que, então, acreditar em algo? É como jogar água para cima e ficar embaixo, esperando que ela não caia sobre nós. Parece óbvio que isso não acontecerá. Assim como é impossível jogar um copo no chão e ele não quebrar. As consequências no mundo físico são geralmente claras para nós. No entanto, no mundo metafísico, começamos a achar que as consequências que enfrentamos não têm relação com as causas que geramos no passado. Isso é uma maneira de nos alienar para nos vitimizarmos melhor. A verdade é que toda a natureza é uma concatenação de causas e efeitos. Portanto, confiar no universo nos permite gerar causas com discernimento e lucidez, cujas consequências desejamos e queremos vivenciar. Ao fazer isso, entramos em harmonia com as leis da vida. Quando percebemos que o universo é cosmos, não caos, e confiamos que a vida segue uma ordem, que há um propósito por trás de tudo, então compreendemos que nada acontecerá além da nossa capacidade de resposta.

> ***"Renúncia à vaidade: saber que não se sabe. Contemplar o mundo com frescor, sem esquemas prévios. Todos sabemos muito pouco; arrogância é máscara da covardia."***
>
> **- Epicteto**

Lembre-se do que eu estava mencionando há pouco sobre Platão. Ele afirmava que o maior impedimento para o conhecimento é acreditar que já se sabe tudo. Portanto, a arrogância e a covardia são obstáculos que travam nosso progresso e aperfeiçoamento.

REFLEXÕES

Vamos retomar mais uma sessão de reflexões. Começaremos novamente com a citação de Sêneca.

> ***"Tu morrerás, não porque estás doente, mas porque vives."***
>
> **- Sêneca**

- **Não gosto de ser mortal, mas não faço nada que se incline para o eterno.**

Chega a ser contraditório viver como se fosse eterno, mas não acreditar na eternidade. O que fazemos para sermos eternos? A justiça, por exemplo, é eterna. Ela existe desde a emanação do universo. Mesmo sem a presença humana, a justiça persistiria. Quando deixará de existir? Somente quando o universo deixar de existir, pois é um dos pilares do universo manifestado. Quando trabalho pela justiça, estou trabalhando para o eterno. Quando trabalho pelo amor, pelo bem, pela compaixão, também estou trabalhando para o eterno. No entanto, se não construo algo eterno e, ainda assim, almejo a eternidade e desprezo a mortalidade, existe uma falta de lógica e bom senso para administrar as prioridades da vida.

- **Penso que, ao virar as costas para a morte, ela não me alcançará. Tenho medo de pensar na minha vida como um todo e, por causa disso, não construo grandes metas.**

O comentário comum quando se trata de morte é: "Vamos mudar de assunto, não falemos de algo tão sombrio." No entanto, a morte é um fato inescapável; falar ou evitar o assunto não alterará sua inevitabilidade. Em algum momento, ela chegará. Contudo, ao ignorá-la, podemos nos encontrar totalmente despreparados quando ela se apresentar. Ignorar algo não faz com que desapareça; ao contrário, pode nos surpreender de maneiras inesperadas. Essa evasão também se reflete em nossa tendência a evitar pensar em nossa própria transformação e crescimento pessoal.

Em geral, não costumamos refletir sobre uma transformação duradoura de nossos impulsos, de nossa cólera, de nossa tendência à crítica. Isso se deve ao fato de não considerarmos a vida como um todo. Se pudéssemos pensar e planejar até o último dia de nossas vidas, seria possível estabelecer metas e submetas ano a ano, mês a mês, dia a dia. Poderíamos suavizar nossas arestas diariamente, pouco a pouco. No entanto, muitos de nós encontramos dificuldade em planejar a longo prazo. "Por que planejar toda a minha vida?", alguns podem se perguntar. Esse receio, muitas vezes, deriva da proximidade que tal planejamento nos coloca em relação à morte. E, dado o nosso temor dela, muitas vezes evitamos fazer planos abrangentes, tornando assim nossas grandes metas aparentemente inatingíveis.

Transformar a nós mesmos é, sem dúvida, um projeto grandioso, mas não é impossível. Se dedicarmos a ele todo o tempo de nossa existência, colocando-o como prioridade número um, então... A falta de uma visão holística da vida, a incapacidade de pensar em grande escala, são barreiras que nos travam no meio do caminho, impedindo nosso crescimento.

> ***"Fidelidade é atitude correta diante do Supremo; crer na vida como um todo ordenado segundo leis (confiança). Não querer controlar o que não depende de nós. A fidelidade é o antídoto da amargura e da perplexidade. Dá-nos a convicção de que estamos prontos para qualquer coisa que a ordem divina pretenda de nós."***
>
> **- Epicteto**

- **Se acredito que a vida não é casual e tudo o que acontece tem um propósito, posso saber que isso que me aconteceu tinha um propósito para mim: um ensinamento e uma oportunidade de crescer.**

Lembremos da frase de Marco Aurélio: "Nada acontece ao homem que não seja próprio do homem." Portanto, se acreditarmos nisso, podemos encontrar um aprendizado em cada experiência que enfrentamos. Cada desafio nos oferece a oportunidade de crescer, um ensinamento que nos fortalece ao atravessá-lo.

- **Se não acredito no acaso, sei que tenho a capacidade de resolver os problemas que vêm para mim; as dificuldades não são maiores que eu.**

Se uma dificuldade surge em meu caminho, é evidente que é do meu tamanho. É como arremessar uma bola em direção a você: se ela for alta demais para você, não o atinge. O que nos afeta é aquilo que está ao nosso alcance. Portanto, confio na vida. Se ela me enviou esse desafio, é porque acredita em meu potencial para superá-lo. Se a vida acredita, quem sou eu para duvidar? A vida possui uma inteligência muito mais vasta e profunda do que a minha. Se algo foi enviado para mim, é porque tenho a capacidade de transcender.

Existe até uma máxima filosófica que sustenta que os grandes problemas nos honram ao estarem em nossas vidas, pois nos julgam suficientemente capazes de emergir deles ainda melhores.

Seria injusto da natureza nos enviar desafios que não poderíamos superar. Se o universo fosse injusto, não haveria sentido em esperar por uma ação melhor; seria o caos. Nossa oportunidade reside em aperfeiçoarmo-nos e acreditar que a natureza, Deus, o universo, é justo, conspirando para nossa evolução. As leis universais nos convidam a alcançar um estado superior de consciência. Portanto, em um universo justo, o que me acontece é meu próprio destino oferecendo-me a oportunidade de crescimento.

> ***"Renúncia à vaidade: saber que não se sabe. Contemplar o mundo com frescor, sem esquemas prévios. Todos sabemos muito pouco; arrogância é máscara da covardia."***
>
> **- Epicteto**

- **Se não me sinto dono da verdade, posso aprender com o outro e ele comigo.**

Acreditar que alguém que tenha uma opinião diferente da minha ou que não esteja ao meu lado está automaticamente contra mim é uma tolice; é como dois touros investindo um contra o outro, resultando na morte de ambos. No entanto, se reconheço que não possuo a verdade absoluta e mantenho o espírito de aprendiz, percebo que a pessoa que difere de mim tem algo a contribuir. Abro-me para compreender seu ponto de vista e compartilhar o meu. Ao analisarmos sob diferentes perspectivas, alcançamos uma visão mais completa, seguindo o princípio de tese, antítese e síntese, como afirmava Hegel[23]. Assim, emergimos dessa troca enriquecidos, pois o indivíduo que não se considera detentor da verdade está em constante processo de aprendizado.

- **Não preciso ficar amarrado a pontos de vista antigos, que nunca funcionaram: posso começar de novo!**

É curioso e interessante observar como muitas das nossas ações passadas podem não nos ter conduzido a lugar algum. Então, quando temos um filho, o que fazemos? Começamos a programá-lo para seguir exatamente os mesmos passos que nós seguimos? Por quê? Será que não há outras possibilidades, ou estamos simplesmente com medo de explorá-las?

Mesmo que seja por amor, precisamos buscar outras oportunidades. Devemos buscar alternativas, procurar vias mais lógicas e inteligentes, mas ainda humanas. Devemos abandonar procedimentos que são meras formalidades, que nunca nos levaram a lugar algum, e ousar questionar. Devemos nos desafiar a fazer melhor, tanto por nós mesmos quanto por aqueles a quem devemos orientar e servir de referência. Devemos ousar trilhar novos caminhos.

---

23 Georg Wilhelm Friedrich Hegel (1770-1831) foi um filósofo alemão conhecido por suas contribuições significativas para a filosofia, especialmente na tradição da filosofia idealista alemã. Ele é considerado um dos principais representantes do idealismo alemão, com Immanuel Kant e Friedrich Schelling. Hegel desenvolveu uma abordagem filosófica complexa que influenciou uma ampla gama de campos, incluindo filosofia política, ética, história, religião e arte.

- **Se não sinto vergonha de assumir que não sei muito, posso acabar aprendendo alguma coisa e saindo da vida melhor do que entrei.**

A humildade de reconhecer que sabemos pouco nos oferece a oportunidade de sair desta vida sabendo um pouco mais do que sabíamos quando entramos. Isso nos dá esperança; a esperança de melhoria, de crescimento. Quando nos convencemos de que sabemos demais, nossa vida se torna uma luta de rigidez contra aqueles que pensam de maneira diferente, como um lutador de boxe que enrijece as pernas para deferir um golpe mais facilmente. Por quê? Para quê? Reconhecer nossa ignorância nos enche de esperança e expectativa de crescimento, pois nos encoraja a aprender e nos permite finalmente ouvir a voz da vida, que sempre esteve lá, mas que, até então, nós não estávamos prontos para escutar.

EXERCÍCIOS

Para consolidarmos os ensinamentos desta ronda, elaborei dois exercícios que gosto de chamar de "brincar de Deus". Pode soar intrigante à primeira vista, mas, na verdade, é apenas um exercício de imaginação. A capacidade humana de imaginar nos permite explorar diferentes perspectivas e vislumbrar a vida de maneiras fascinantes.

1. **"Brincar de Deus": olhar para as dificuldades que surgiram na nossa vida e imaginar o que Deus pensaria: "— Para que tipo de ser humano eu mandaria estas provas?".**

Que tipo de falha essa pessoa tinha, para que Deus – como um símbolo de justiça – enviasse essa dificuldade? Se eu fosse enviar essa dificuldade para alguém, a quem eu direcionaria? Seria para alguém com problemas de caráter, personalidade, conduta? Talvez uma situação que a levasse a perder tudo o que tinha? Que tipo de pessoa demandaria essa prova, se eu fosse escolher? Compreende o que estou sugerindo: despersonalizar. Não estou mais pensando em mim; estou imaginando as provações que passei em minha vida, e imaginando você como Deus. Para quem você enviaria esse tipo de provação? Porque toda provação visa corrigir alguma falha grave nessa pessoa. Que falha seria essa, que demandaria essa prova? Por que essa pessoa precisaria dessa provação? Imagine para quem você enviaria essa situação. Através dessas provações, você vai conhecer a si mesmo melhor.

2. **Pensar nas qualidades e virtudes que eu preciso desenvolver, e imaginar que tipo de provas facilitaria alguém a conquistá-las, para imaginar o que virá para mim, e não ser pego de surpresa.**

Agora, vamos nos concentrar no presente e no futuro. Quais são os grandes desafios que enfrento atualmente? Não estou falando de ilusões e devaneios, mas, sim, das situações reais que estão me impedindo de progredir, os obstáculos que estão bloqueando, meus pontos fracos mais agudos neste momento. Se eu fosse Deus, analisando alguém com esses mesmos obstáculos, que tipo de provação eu escolheria para essa pessoa? E podemos até começar a antecipar o tipo de desafios que o futuro nos reserva. Será que podemos mitigar esses desafios?

Sim, é possível. Isso é o que chamamos de redenção, enfrentando os desafios com reflexão. Vamos suavizando as arestas com determinação, pois temos o poder de aprimorar nossas próprias imperfeições. Podemos superar nossos defeitos, seja pela força de vontade, disciplina e determinação, ou pela dor. A escolha é nossa. Sei que se não agirmos por vontade própria, uma força externa virá para nos desgastar, para nos ensinar. E, então, podemos até imaginar qual é a lição mais adequada para essa resistência. Podemos até vislumbrar o que nos aguarda no futuro. Não é interessante exercitar a imaginação sobre o que o futuro nos reserva?

ANOTAÇÕES DOS EXERCÍCIOS:

13ª Ronda: Saber Viver e Morrer

Estamos nos aproximando do fim das nossas quinze rondas, mas alguns temas precisam de espaço para serem explorados em sua devida profundidade, como é o caso do tema desta décima terceira ronda, que se repete na sexta e décima segunda rondas. Não se preocupe, a repetição do tema não nos limita a visitar sempre as mesmas premissas; pelo contrário. Abordaremos agora mais três máximas diferentes dentro dessa mesma esfera.

> ***"Fale apenas com boa finalidade; não despeje fluxo mental sobre os demais: frivolidades, intimidades expostas, críticas, vulgaridades. Você se torna aquilo a que dá atenção. Qualificar conversas ou manter-se calado."***
>
> **- Epicteto**

Preste atenção, aqui Epicteto fala das conversas que cultivamos, que vão moldando nosso caráter e o dos outros. Mas perceba que o que está sendo dito é exatamente o que pretendo com esses exercícios que estamos praticando. Você se torna aquilo a que dá atenção. É evidente que uma ação repetida vai sendo interiorizada e, em breve, é agregada como atributo seu, tanto para o bem quanto para o mal. Aquilo que você faz todos os dias por repetição, porque todo mundo faz, um dia será realmente enraizado em seu ser.

Imaginei para esses exercícios um ano de reflexão, tentando integrar ensinamentos de pessoas que souberam viver muito bem. Para compreender se, daqui a um ano, alguns deles, ou parte deles, já não estarão incorporados em você. Perceba as coisas que você está alimentando em sua vida, pois isso está moldando seu caráter, definindo sua *persona* diretamente.

> ***"Vida excepcional é aquela que dá resposta ao que cabe a nós da melhor maneira possível."***
>
> **- Epicteto**

Seja qual for o desafio que a vida nos apresente, minha resposta será sempre humana. Baseada em valores fundamentais, minha conduta revelará quem verdadeiramente sou. Repito, não serão minhas credenciais ou a quantidade de livros que li, nem mesmo os cargos que ocupo, que definirão minha essência. É por minhas ações que serei conhecido. Uma vida extraordinária é aquela em que respondemos de forma excepcional às circunstâncias que nos são apresentadas. Agimos com humanidade, demonstrando os valores, virtudes e sabedoria que só um verdadeiro ser humano seria capaz de manifestar.

> ***"O mal é subproduto da negligência, preguiça, distração em relação à meta da nossa vida. Felicidade nasce do empenho em nosso aprimoramento pessoal."***
>
> **- Epicteto**

A felicidade surge do compromisso com nosso contínuo aprimoramento pessoal, requerendo empenho, disciplina e um constante trabalho de aperfeiçoamento e desconstrução. Um dos aspectos profundamente rejeitados pelos estoicos, e com os quais concordo, é a personalização do mal. Dizer que o Mal é uma entidade, algo concreto, não me parece correto. O mal é o vácuo. A palavra "defeito" vem de "defecto", que significa vazio. Vácuo é a ausência de luz, a ausência de virtude. À medida que nos empenhamos em desenvolver o melhor de nós mesmos, naturalmente a luz começa a prevalecer sobre as sombras. É simplesmente um espaço que não foi preenchido. Esse vazio, esse vácuo, passa a determinar o tom de nossa vida. E para onde isso nos leva? Para o vazio, para um espaço sem sentido, para decisões totalmente caóticas. Enquanto desenvolvemos nossas virtudes, naturalmente, à medida que a luz se expande, a escuridão diminui. Devemos ter cuidado para não pensar que estamos combatendo alguma entidade. Personalizar o mal é um conceito um tanto estranho e, além disso, atribui responsabilidade aos outros. O mal são as virtudes que ainda não tive mérito de desenvolver. Esse vazio é a raiz do mal.

REFLEXÕES:

Seguiremos adiante na exploração desta temática, aprofundando nossas reflexões.

> ***"Fale apenas com boa finalidade; não despeje fluxo mental sobre os demais: frivolidades, intimidades expostas, críticas, vulgaridades. Você se torna aquilo a que dá atenção. Qualificar conversas ou manter-se calado."***
>
> **- Epicteto**

- **Eu gostaria de mandar meu filho para uma escola onde não se ensinasse nada, só se falasse de vulgaridades? Claro que não! Quero que meu filho aprenda e cresça!**

Claro que não desejo que meu filho aprenda e cresça em um ambiente onde sei que nada de útil será dito, onde em vez de educar, de formar, ele acabará se deformando. Se não quero esse tipo de ambiente para meu filho, por que desejaria para mim? Por que desejaria para meus amigos, para minha família, para meu local de trabalho? Por que nos reunimos em torno de um ambiente que não é benéfico para meu filho? Onde não se diz nada produtivo, onde tudo é crítica, tudo é vulgar. É óbvio que isso será assimilado e moldará quem somos. Ainda influenciamos os outros, nos unimos para descer juntos, seja para aumentar o peso e ajudar a lei da gravidade. Isso é absurdo. Se não nos unimos para crescer, é melhor mantermos uma certa distância uns dos outros, pelo menos assim evitamos nos contaminar. Não são apenas vírus físicos, existem vírus psicológicos que também nos afetam ou comprometem seriamente nossa vida. Portanto, se não quero esse ambiente para meus filhos, não o crio. Para meus amigos e pessoas ao meu redor, minhas conversas são frutíferas, têm algo de útil, elevam a consciência. Posso brincar? Sim. Posso ter bom humor? Sim, mas nunca um humor nocivo que humilha as pessoas. Nunca recorro ao mau gosto e à vulgaridade para me divertir, nem ofendo. Eu desejo o bem para mim e para todas as pessoas que estão ao meu redor.

- **Só meu filho é que precisa aprender e crescer, ou eu também? Se eu cresço, será que o ajudo a crescer?**

Se eu crio um ambiente que me permite crescer, torna-se mais fácil auxiliar meu filho a crescer também. Mas, se estou estagnado ou até mesmo regredindo, que coerência, que integridade tenho para pedir ao meu filho que ele cresça? Perceba que uma criança, um adolescente, são muito mais guiados pelas emoções do que pela razão; eles não ouvem tanto quanto sentem. Quando não somos coerentes, eles percebem essa discrepância entre o que exigimos deles e quem realmente somos, entre o que pedimos a nós mesmos e nossas próprias ações. Essa incoerência os levará a buscar refúgio em outras opiniões, nem sempre benéficas. A melhor maneira de orientar bem nossos filhos é sermos exemplos, é fazer com que eles nos admirem.

- **É possível se divertir e conversar com amigos sem grosserias e coisas vulgares? Os homens bons da história não conversavam, não se divertiam?**

Nós, muitas vezes, caímos na ilusão de acreditar que durante férias, festas e momentos de diversão, é necessário deixar as virtudes trancadas em casa, como se divertir exigisse vulgaridade. No entanto, é justamente o oposto. Se nos deixamos levar pela vulgaridade, acabamos enfrentando não apenas uma ressaca alcoólica, mas uma ressaca psicológica. Sentimos a angústia de termos ido tão abaixo, de termos traído nossos próprios princípios, de termos nos ofendido profundamente ao agir de maneira que não condiz conosco. E quando já não sentimos mais essa angústia, é sinal de que a situação se tornou realmente preocupante. Podemos nos divertir conversando sobre coisas leves, brincando sem ofender ninguém. É possível desfrutar de férias e momentos de lazer sem deixar nossa essência, o melhor de nossa consciência, trancada em casa. Caso contrário, corremos o risco de voltar de nossas atividades completamente esgotados, pois aquilo que não está em sintonia conosco é o que mais nos desgasta.

> ***"Vida excepcional é aquela que dá resposta ao que cabe a nós da melhor maneira possível."***
>
> **- Epicteto**

- **Como sei se uma pessoa sabe alguma coisa? Pela quantidade de livros que ela leu ou pela maneira como se comporta nas dificuldades?**

Lembre-se, a vida excepcional se revela pelas obras, pela maneira como alguém responde às dificuldades. Vivemos em uma era midiática, na qual às vezes admiramos pessoas que cultivam uma reputação de serem excepcionais. Mas você já parou para pensar em como essa pessoa reage diante das adversidades da vida? Costumo brincar sobre o "teste da canelada". Uma pessoa pode afirmar que domina suas emoções, que é muito elevada espiritualmente, um sábio e, no entanto, não consegue evitar perder o controle diante de um simples contratempo. Devemos ter cautela ao avaliar alguém pela forma como conduz sua vida. É preciso observar como ela lida com as circunstâncias, como ela realmente vive. Eu costumava dizer para vocês, e reitero agora, que Sócrates não deixou nada escrito e, ainda assim, foi um exemplo, mais pelo que viveu do que pelo que disse, visto que ninguém pode afirmar exatamente o que ele era. Portanto, aja de modo que eu possa vê-lo, mas tenha sensibilidade suficiente para reconhecer que, às vezes, nosso vizinho do lado pode ser mais sábio do que um guru da moda.

- **Se uma pessoa aprendeu mesmo alguma coisa, ela se torna uma pessoa melhor?**

Pode parecer simples, mas muitas pessoas subestimam o poder transformador do verdadeiro conhecimento. Quando realmente aprendemos algo, você sabe o que acontece no dia seguinte? Eu me torno um pouco melhor, claro. O aprendizado traz consigo uma mudança de atitude perante a vida. Eu incorporo essa mudança como parte de quem sou. Agora, acredito nisso e, evidentemente, isso influenciará a maneira como eu respondo à vida amanhã. Se não afeta em nada, é sinal de que ainda não assimilei completamente. Nesse caso, preciso voltar, refletir, repetir, porque só posso dizer que realmente aprendi algo quando minha resposta à vida é moldada por esse conhecimento. Caso contrário, é apenas teoria. E, para teoria, temos o Google, que é muito útil. Ele responde às nossas perguntas, mas não vivencia. Nós, humanos, somos feitos para isso. E só quando nos transformamos a partir do conhecimento é que ele se torna verdadeiro.

- **Por que as pessoas da sociedade invejam pessoas que respondem mal à vida? Eu também o faço, às vezes?**

Às vezes, gosto de observar os retratos de atores e atrizes de Hollywood. Ao olhar para essas imagens, não conseguimos imaginar que, por trás delas, pode existir alguém temperamental, envolvido em drogas, repleto de vícios e imerso em uma vida de violência. No entanto, essas pessoas são idolatradas por sua fama. Mas sejamos francos, essa fama tem seu preço, muitas vezes apenas uma fachada. O mesmo ocorre com figuras do mundo das artes em geral, que frequentemente recebem grande atenção.

E o que dizer dos jogadores de futebol? Quando as pessoas os admiram, geralmente é pelo talento no esporte. Já um ator pode não ser tão talentoso quanto parece, ou um cantor pode não ter tanto talento musical quanto se pensa. Muitas vezes, são apenas criações da moda, admiradas simplesmente por estarem em evidência. Eu mesmo já caí nessa armadilha algumas vezes.

Mas, na verdade, essas figuras públicas são como embalagens de chocolates vazias: por fora, parecem atrativas, mas, por dentro, não têm substância. Devemos estar atentos, pois, queiramos ou não, essas referências podem nos influenciar. Como nos ensina Epicteto, as sementes da grandeza em nós precisam de algo genuíno para florescer e se desenvolver. Portanto, devemos escolher com cuidado as referências que seguimos. Quem são essas pessoas famosas? O que elas representam? Muitas vezes, do outro lado da rua, ao lado de nossa casa, pode haver alguém mais digno de admiração, se tivermos a coragem de pensar por nós mesmos.

> ***"O mal é subproduto da negligência, preguiça, distração em relação à meta da nossa vida. Felicidade nasce do empenho em nosso aprimoramento pessoal."***
>
> **- Epicteto**

- **Quando eu me comporto de um jeito que sei que foi justo e verdadeiro, isso me traz muita satisfação.**

Já experimentou aquele sentimento de dever cumprido e a sensação de ser digno do sono dos justos? Costumo dizer: "Coloque a cabeça no travesseiro e reflita: que dia foi esse?

Tranquilo? Uau". Se eu partisse hoje, sentiria orgulho da forma como conduzi minha vida neste dia. Um dia bem vivido oferece uma satisfação incomparável. Note a pureza desse sentimento e perceba que nenhum prazer material se compara a ele. Não se trata apenas do paladar físico; são todos os sabores emocionais e mentais que um dia vivido de forma íntegra e justa pode proporcionar.

Se algo me traz tanta satisfação e bem-estar, por que não buscar repeti-lo? É uma regra simples da vida, não é? Se compro um chocolate e gosto, busco onde posso encontrar mais. Da mesma forma, se vivencio um momento que me traz paz de espírito, por que não repeti-lo? É lógico, não é mesmo? Entretanto, muitas vezes estamos tão alienados nos planos mais sutis que negligenciamos repetir essa ação correta no plano físico.

Aquilo que me traz paz, serenidade e um sentimento de pertencimento à natureza humana é algo que desejo repetir quantas vezes for possível. Não há nada mais prazeroso do que isso.

- **Por que não procuro repetir aquilo que me traz satisfação? Quando faço uma coisa certa, fico mais forte para combater meus defeitos?**

Se tenho uma tendência a ficar colérico quando alguém diz algo que me irrita, tudo se torna uma luta interna. Mas fazer coisas boas, que não têm nada a ver com o problema em questão, pode ser transformador. Ao praticar a bondade, beneficiar os outros, ser generoso e estar presente, adquiro uma nova perspectiva.

Quando voltamos a enfrentar o mesmo problema, percebemos que as virtudes estão mais fortes do que os defeitos. Antes, ambos lutavam em igualdade de condições, mas agora as virtudes se tornaram gigantes, como Golias, prontas para combater os defeitos. Cada vez que fortalecemos nossas virtudes, criamos mais munição para lidar com nossos desafios internos.

EXERCÍCIOS

Coloquemos em prática o conteúdo desta ronda com os seguintes exercícios:

1. **Lembrar quais eram os meus defeitos aos 15 anos de idade, aqueles que eram mais evidentes, que todos comentavam. Eu mudei? Hoje, tenho menos desses defeitos?**

Em outras palavras, estou me concentrando no que realmente importa? Pode-se pensar: "Ah, fiz uma viagem à Europa, construí uma casa, ganhei dinheiro". No entanto, essas realizações não são genuinamente suas e não têm tanto impacto assim em sua vida. Por outro lado, superar desafios desde os 15 anos, mesmo que em pequena medida, é um progresso significativo. Sem isso, os avanços em nossas vidas seriam muito incertos. Não devemos acreditar que essas conquistas materiais definem nossa existência. Elas são transitórias e não refletem o verdadeiro significado da vida; o verdadeiro significado está em como entendemos e vivemos a vida com plenitude. Em suma, viver é o verdadeiro resultado da vida, de forma simples e direta.

2. **Se mudei, que técnicas usei? Posso relembrar e usar de novo com outros defeitos?**

Analise as características pessoais que conseguiu modificar ao longo dos anos. Por exemplo, talvez tenha superado a timidez e alcançado várias realizações na vida. Como realizou essa transformação? Persistiu, tentou repetidamente. Identifique as técnicas que o impulsionaram ao crescimento e registre-as meticulosamente. Reconheça que essas estratégias podem ser aplicadas a qualquer outro desafio que precise enfrentar. Não subestime o valor das estratégias mais eficazes que já utilizou, pois ainda terá muitos obstáculos pela frente. Aproveite essa sabedoria e siga em frente para recuperar sua capacidade de transformação.

3. Se não mudei: pelo menos tentei? Ou gosto desses defeitos?

Se não tentei mudar até hoje, talvez seja porque sou tão obstinado quanto os próprios defeitos. Era tão desorganizado quanto eu sou hoje. Por quê? Por que nunca me esforcei para mudar? Provavelmente, porque tenho uma certa afinidade por esses defeitos. Nesse ponto, é crucial fazer uma reflexão mais profunda e analisar por que tenho essa afinidade. Talvez eu glorifique a obstinação, acreditando erroneamente que isso indica força de caráter, quando, na verdade, me impede de enxergar além e aproveitar oportunidades na vida. Há uma diferença entre ser determinado e ser teimoso. A teimosia pode nos tornar cegos para novas possibilidades e bloquear o desenvolvimento da inteligência, que busca constantemente evoluir e aprender. Ao longo da vida, a teimosia pode nos impedir de crescer e nos manter estagnados. Portanto, é importante explorar por que tenho essa preferência por esses defeitos. Será que os disfarcei como virtudes? Será que acredito nisso porque os conservo intocados? E que oportunidades isso já pode ter me feito perder na vida?

ANOTAÇÕES DOS EXERCÍCIOS:

14ª Ronda: Convivência

Estamos chegando ao fim de nossa jornada com a agenda estoica. Nesta décima quarta etapa, abordaremos o tema da convivência, o qual já começamos a explorar na nona ronda. Para isso, começaremos com o seguinte pensamento de Marco Aurélio:

> ***"Ao procurar alegria, considere os méritos dos que contigo vivem. Admira o trabalho de um, a modéstia de outro, a generosidade de um terceiro, as diversas qualidades dos demais. Certamente, nada é mais grato do que a imagem das virtudes brilhando nos costumes dos que vivem conosco, mormente quando avultam numerosas. Tenha-as contigo sempre presentes".***
>
> **- Marco Aurélio**

Costumo exemplificar com a seguinte situação: imagine alguém passeando em um parque no domingo, caminhando ou correndo, e ouvindo fragmentos de conversas das pessoas ao redor. A maioria dessas conversas é negativa, com críticas sobre outras pessoas. Então, eu argumento que a pessoa mais necessária em uma conversa ou em um grupo social é aquela que está ausente, pois assim há alguém sobre quem as pessoas podem falar. Se todos estiverem presentes, o assunto pode faltar, e muitas vezes esse vazio é preenchido com críticas e busca por defeitos nas outras pessoas.

Se mudássemos nosso foco para buscar as virtudes das pessoas, isso seria benéfico para nós. Ao lembrarmos de alguém que possui uma virtude, nos sentimos estimulados a praticá-la também, tendo um modelo a seguir. Cada pessoa tem algo positivo a nos ensinar; ninguém é perfeito, e o mundo não é feito de absoluto.

Além disso, ao reconhecermos e valorizarmos as virtudes dos outros, estamos também fortalecendo a autoconfiança dessas pessoas. Saber que possuem uma virtude reconhecida pode ser um estímulo para continuarem agindo de forma positiva e servir de referência para os demais. Portanto, é excelente para as relações sociais destacar e reforçar os pontos positivos dos outros, é como presentear alguém. Ao reconhecermos como alguém contribui de forma positiva, estamos incentivando essa pessoa a continuar fazendo o bem.

> ***"Parente das partes semelhantes a mim, procurarei nada fazer que possa prejudicar à sociedade; antes, pelo contrário, tendo sempre em vista o meu próximo, consagrarei minha atividade ao bem comum e me absterei de tudo quanto redunde em dano para o próximo."***
>
> **- Marco Aurélio**

Isso significa que vou me abster de qualquer ação que cause dor ou perda aos outros. Vou começar a estender o meu sentimento de família para além dos limites convencionais. Como já mencionei anteriormente, essa é a verdadeira família. O restante é apenas uma ilusão temporária. Nossa verdadeira família é a humanidade. E no dia em que alcançarmos sabedoria suficiente para compreender isso, nossa família será toda a natureza.

> ***"Nasceram os homens uns para os outros. Instrui-os, pois, ou tolera-os."***
>
> **- Marco Aurélio**

Um pensamento típico e renomado de Marco Aurélio. Nascemos para viver em sociedade, uma verdade que remonta aos hominídeos pré-sapiens. Somos seres sociais por natureza e, portanto, a convivência é inevitável e até mesmo vital para nós. Evitar essa convivência seria algo terrível.

Quando as pessoas estão ao nosso redor, temos duas opções: ou ajudá-las a crescer, ou nos conformarmos em conviver com elas da maneira como são. Se nenhum dos dois se torna um agente de crescimento para o outro, a relação tende a se tornar estática e, muitas vezes, conflituosa, uma espécie de tortura mútua.

REFLEXÕES

Vamos agora analisar cuidadosamente cada um desses pensamentos por meio das reflexões propostas.

> ***"Ao procurar alegria, considere os méritos dos que contigo vivem. Admira o trabalho de um, a modéstia de outro, a generosidade de um terceiro, as diversas qualidades dos demais. Certamente, nada é mais grato do que a imagem das virtudes brilhando nos costumes dos que vivem conosco, mormente quando avultam numerosas. Tenha-as contigo sempre presentes."***
>
> **- Marco Aurélio**

- **Quando estou mal-humorado, lembro dos defeitos dos demais. Será que não é possível corrigir o meu humor lembrando de suas qualidades?**

Imagine que você acordou de mau humor. Cada pensamento que surge em sua mente parece estar carregado de falhas e defeitos alheios. Mas por que nosso mau humor parece persistir tão teimosamente? É como se houvesse um instinto de autoconservação nessa disposição sombria. Queremos permanecer nela, então, naturalmente, nossa mente é povoada por lembranças chatas e desagradáveis. No entanto, e se praticássemos uma disciplina diferente? E se, em vez de focarmos nos defeitos, nos dedicássemos a contemplar as virtudes das pessoas, suas qualidades? Não seria possível que isso alterasse nosso humor? Certamente seria.

A vida, é claro, tem seus momentos desafiadores, mas mesmo nesses momentos há beleza e bondade para serem encontradas, se estivermos dispostos a procurar. Um simples gesto de generosidade, uma expressão de bondade, um momento de conexão genuína – essas são as coisas que podem transformar nosso dia. E é algo que podemos cultivar como uma disciplina. Aos poucos, conscientemente, podemos dissolver a nuvem escura do mau humor que ameaça estragar nosso dia.

É um exercício de força de vontade e disciplina desviar nossa atenção dos aspectos negativos e direcioná-la para as coisas positivas que estão ao nosso redor. E conforme praticamos isso, percebemos que o bem contagia, penetra em nós e, aos poucos, o mau humor é deixado para trás.

- **Quando uma pessoa morre, lembramos de tudo o que ela tinha de bom; não dá para fazer isso enquanto ela vive?**

Certamente. É precisamente nesses momentos que essa prática se torna mais crucial. Como já discutimos, ao darmos destaque aos aspectos positivos, fortalecemos nossa autoconfiança e aprimoramos nossas virtudes, tornando-nos mais capazes de enfrentar nossos defeitos. É algo que todos podemos realizar.

- **Amo quando alguém nota e elogia as qualidades dos meus filhos e vejo que, quando as valorizo, eles crescem. Com todos os "filhos do mundo", será que também não funciona?**

Imagine que seu filho esteja enfrentando dificuldades para compreender uma determinada matéria na escola. Como você o incentivaria? Certamente, você diria algo assim: "Olha, meu filho, você se saiu melhor nesta prova do que na anterior. Acertou mais questões, demonstrou mais atenção e fez tudo direitinho. Mesmo que a nota não tenha sido excepcional, você melhorou, e isso é motivo para se orgulhar. Veja como você é capaz de entender matemática. Veja como não é tão difícil assim. Você é inteligente e pode fazer isso".

Por que não aplicamos essa mesma prática de incentivo aos filhos da humanidade em geral? Sabemos que funciona, pois já a testamos em nossas próprias casas. No entanto, muitas vezes nos deparamos com um egoísmo que nos impede de estender esses gestos simples e óbvios de benefício mútuo. Se lutarmos contra essa barreira artificial, poderemos implementar tantas atitudes benéficas em nossas vidas.

> ***"Parente das partes semelhantes a mim, procurarei nada fazer que possa prejudicar à sociedade; antes, pelo contrário, tendo sempre em vista o meu próximo, consagrarei minha atividade ao bem comum e me absterei de tudo quanto redunde em dano para o próximo."***
>
> **- Marco Aurélio**

- **Um bom mecânico tem que saber como funciona o carro todo, para saber consertar a parte com defeito. Será que eu não poderia procurar entender qual é o bem da humanidade toda, para saber como melhorar minha participação nela?**

E nós, o que podemos fazer para ajudar a humanidade? Talvez devêssemos buscar entender qual é o bem comum da humanidade para podermos aprimorar nossa contribuição para ela. Seria benéfico para todos refletirmos sobre o que é bom para a humanidade como um todo. Podemos estabelecer metas em nossas vidas que também promovam o bem-estar da humanidade, usando nossa imaginação para considerar os ideais de Deus ou projetos que contribuam para o bem coletivo. Devemos priorizar esses objetivos, colocando-os no mesmo nível de importância que nossos projetos pessoais mais queridos.

Não há ser humano insignificante. Grandes mudanças na história ocorreram graças a um punhado de indivíduos despertos, não por causa das massas em geral. São os homens e mulheres despertos e bem-intencionados que escrevem a história.

- **Algum dia, conseguiu amar alguém que não era da família da mesma forma como ama um pai, um filho, um esposo ou esposa, um irmão ou irmã? Se puder fazer isso com uma pessoa, posso, um dia, amar a humanidade inteira?**

Já teve um amigo que era tão importante para você quanto um irmão, mas que não tinha nenhum vínculo de parentesco com sua família? É possível amar alguém assim. Se podemos amar um ser humano que não tem laços de sangue conosco, por que não podemos amar todos os outros também? Muitas vezes, não percebemos que, na verdade, temos laços genéticos com pessoas de outras nações e povos, como revelado por testes genéticos. Somos parentes de muito mais gente do que imaginamos.

Se sou capaz de amar alguém que está fora do círculo restrito da minha família tanto quanto amo alguém que está dentro, não tenho o potencial para amar a humanidade inteira? Talvez não haja tempo suficiente em nossa jornada pela Terra para realizar esse ato, mas devemos nos esforçar para estender nosso campo de amor. Já temos a prova de que isso é possível.

> ***"Nasceram os homens uns para os outros. Instrui-os, pois, ou tolera-os."***
>
> **- Marco Aurélio**

- **Se eu não tentei ensinar nada de bom às pessoas, posso acusá-las por não saberem?**

Quando alguém comete um erro, não faltam pessoas para dizer: "Que ignorante. Veja como faz tudo errado". Mas será que essas mesmas pessoas tentaram ensinar algo para aquele que errou? Mesmo que achem que a pessoa deveria saber a forma correta de fazer, talvez ela simplesmente não saiba. As circunstâncias pelas quais ela passou podem não ter sido as mesmas que as dos outros. Talvez ela não tenha tido as mesmas oportunidades de aprendizado. Portanto, é justo cobrar que alguém saiba algo se ninguém tentou ensinar?

- **Em algum momento da minha vida, já fui cobrado por não saber algo que ninguém me ensinou? Em caso positivo, isso me pareceu cruel?**

Alguém condená-lo por um erro do qual você não tinha conhecimento, sem nem mesmo tentar ensiná-lo, não parece uma crítica terrivelmente cruel? Pense sobre isso. Acredito, até mesmo que as situações em que nos encontramos no lado passivo da equação têm muito a nos ensinar. Não aprecio a palavra "vítima", prefiro "polo passivo". Quando somos alvo de uma agressão, talvez seja para que, ao tomarmos consciência do sofrimento que isso causa, possamos evitá-lo no futuro. Nesse momento, estamos na posição passiva, e isso, no futuro, nos impede de nos tornarmos agressores. Em outras palavras, jamais causaremos aos outros a dor que nos foi causada. Essa é uma reflexão pessoal que observei em vários momentos da minha vida. "Ah, já passei por isso." Por isso, sei o quanto dói. Não quero causar esse sofrimento aos outros.

- **Será que existe uma forma mais eficaz de se afastar da ignorância do que aprender para ensinar, aprender para distribuir?**

Se você não suporta a ignorância das pessoas, combata a sua própria. Receba cada ensinamento generosamente e distribua-o da melhor forma possível. Compartilhe tudo o que você acabou de descobrir sem reservas, sem limites. Cada ato de doação enche suas mãos de conhecimento. Isso contribuirá para reduzir a ignorância no mundo. Comece por si mesmo. Em seguida, compartilhe cada descoberta que fizer.

EXERCÍCIOS

1. **Sempre que eu lembrar dos defeitos de alguém, lembrarei das qualidades.**

Sempre que se lembrar dos defeitos de alguém, faça um esforço para automaticamente lembrar também das qualidades dessa pessoa. Por exemplo, lembro-me de alguém que posso considerar desagradável, mas também é incrivelmente prestativo. Quando precisei de ajuda, ele foi o primeiro a se oferecer para me socorrer imediatamente. Portanto, quando você perceber os defeitos de alguém, lembre-se também de suas qualidades.

2. **Procurarei, quando possível, lembrar às próprias pessoas de suas qualidades, para estimular sua autoconfiança e crescimento.**

De vez em quando, aproveite as circunstâncias para dizer: "Poxa, como você é bom nisso!". Quantas vezes a pessoa ouviu um elogio nos últimos anos de sua vida, ou em sua vida como um todo? Somos muito frugais em dar elogios nos dias de hoje, muito contidos, quase nunca os damos. Às vezes, é necessário que uma pessoa receba um elogio para que ela possa se reencontrar, confiar em si mesma e ter esperança para continuar avançando. Você pode dar a essa pessoa exatamente essa esperança.

3. **O que eu sei, hoje, que poderia ser útil para alguém? Que tal criar o hábito de gerar oportunidades de ensinar algo que se sabe, ainda que simples, para alguém que queira aprender? E se nos reuníssemos, os amigos, para oficinas de ensinar uns aos outros o que sabemos fazer bem, não achando que o conhecimento nos pertence, mas, sim, àqueles que necessitam dele?**

Sugiro organizar uma reunião entre amigos ou colegas de trabalho, onde teremos a oportunidade de definir brincadeiras e também de compartilhar conhecimento. Cada um de nós terá a chance de conduzir uma pequena oficina, ensinando algo que aprendeu metodicamente. Ao absorver conhecimento, também internalizo a necessidade de compartilhá-lo, de distribuí-lo. Não temos o hábito de propagar o negativo, então que tal combater esse padrão disseminando o positivo? Todo o conhecimento que possuo não me pertence; pertence àqueles que necessitam dele. Essas práticas podem gerar experiências de vida muito enriquecedoras.

ANOTAÇÕES DOS EXERCÍCIOS:

15ª Ronda: Autocontrole

Para concluir, na décima quinta e última ronda, retornaremos ao tema do autocontrole, previamente abordado na décima ronda. Exploraremos mais a fundo essa temática, analisando outras citações dos renomados filósofos que temos estudado até agora: Marco Aurélio, Sêneca e Epicteto.

> ***"Ninguém pode nos ferir. Podemos escolher encarar algo como insulto ou não."***
>
> **- Epicteto**

Quando alguém nos insulta, está revelando mais sobre si mesmo do que sobre nós – seu descontrole, sua agressividade. Inicialmente, não nos diz respeito; no entanto, quando optamos por reagir, é quando fornecemos informações sobre nós mesmos. Podemos escolher não nos deixar ofender, como ilustrado no antigo conto chinês do mestre de artes marciais que foi verbalmente agredido repetidamente por um jovem. O mestre permaneceu em silêncio, sem reagir, e o jovem eventualmente partiu. Quando os discípulos perguntaram ao mestre por que ele não retrucou às ofensas, ele respondeu: "Quando alguém lhe oferece um presente e você não o aceita, a quem pertence esse presente? Claramente, ao doador". Portanto, ao não aceitar os insultos, pertencem a quem os proferiu. Essa é uma postura lógica e sensata, que deveríamos adotar. As percepções e conceitos das pessoas são delas, não têm relação direta conosco. No entanto, ao reagirmos da mesma forma que fomos ofendidos, assumimos responsabilidade por nossa reação e revelamos nossa verdadeira essência de maneira clara e incontestável.

> ***"A busca da sabedoria atrai críticas; não se deixar abalar, ser humilde e persistente."***
>
> **- Epicteto**

Mais uma vez, recorro à citação do filósofo e escritor francês Jean de La Bruyère: "Um dos ódios mais profundos e antigos da história é o ódio dos medíocres contra os virtuosos". Este é o ápice da resistência. Acredito sinceramente que não existe um ódio maior. Portanto, quando nos destacamos em qualquer empreendimento, quando realizamos algo positivo, é inevitável que alguns nos admirem profundamente, enquanto outros nos detestem. Se não conseguirmos lidar com essa dualidade do mundo, não estamos verdadeiramente preparados para enfrentá-lo. O mundo é um lugar de contrastes, onde há dias ensolarados e chuvosos, quentes e frios. Da mesma forma, haverá aqueles que nos amam e aqueles que nos odeiam. Devemos nos preparar para essa realidade e não permitir que ela nos roube nossa identidade. Tentar agradar a todos com demagogia é arriscar ser ignorado por todos. Ser excessivamente medíocre significa não fazer nada de significativo. É absolutamente impossível agradar a todos.

> ***"Quem privilegia a razão, seu Deus interior e oculto silencioso da sua virtude íntima, não se presta a espetáculo, não se lamenta, não procura a solidão nem a multidão, mas viverá sem desejos e sem temor. Nisso reside o maior dos bens."***
>
> **- Marco Aurélio**

Marco Aurélio define, nesta citação, o estilo de vida de alguém cuja prioridade é a razão, que busca honrar seu Deus interior e cultivar sua virtude pessoal, sem buscar fama ou elogios. Esse indivíduo não se lamenta e não busca nem a solidão nem a multidão. Aquele que adota tal modo de vida encontrará a maior felicidade, a maior paz e os maiores benefícios. Essa abordagem é o segredo para uma vida feliz, e é um segredo que deve ser compartilhado.

REFLEXÕES

Estamos prestes a iniciar nossa última rodada de reflexões. Ao nos aprofundarmos nas reflexões propostas, é hora de questionarmos verdadeiramente o significado que essas ideias importantes têm para nós.

> ***"Ninguém pode nos ferir. Podemos escolher encarar algo como insulto ou não."***
>
> **- Epicteto**

- **Alguém pode me machucar fisicamente sem que eu deixe, pois seu corpo pode tocar o meu contra a minha vontade. Mas como seu pensamento pode me ferir, se minha mente está onde eu quiser, e não onde ele espera que esteja? Se eu digo: "Isso não me diz respeito", é como uma carta de cobrança que é entregue erroneamente em meu endereço. Não tenho nenhum compromisso com ela. Eu posso escolher não deixar que a opinião alheia me atinja, e, se o fizer, tiro o poder do agressor e mostro aos outros que isso é possível.**

Os samurais possuem uma frase que é uma das premissas fundamentais de sua cultura: "O homem pode ser ferido, mas não ofendido[24]". Isso significa que, embora possamos ser física ou emocionalmente feridos, a verdadeira ofensa só ocorre se optarmos por aceitá-la. Temos a possibilidade de recusar essa ofensa. Se a minha mente está focada onde eu desejo e não onde meu agressor espera que esteja, posso desviar da ofensa, pois não me identifico com ela, ela não me pertence. Em outras palavras, se o agressor espera uma reação igualmente agressiva da minha parte e eu não a proporciono, acabo por desarmá-lo. Se eu responder a uma crítica com algo como "Entendo que você não goste disso, mas eu aprecio essa qualidade", ou "Sei que tenho esse defeito e estou trabalhando para superá-lo, se puder me ajudar, agradeço", estou evitando me identificar com a crítica, o que impede que ela me atinja profundamente.

24 A citação "O homem pode ser ferido, mas não ofendido" é frequentemente associada à cultura dos samurais, especificamente ao código de honra samurai conhecido como "Bushido". No entanto, é importante notar que essa frase não tem uma origem claramente definida e pode ter sido utilizada por diversas fontes ao longo do tempo. Portanto, embora seja comumente associada aos samurais, não há uma fonte específica atribuída a essa citação na tradição samurai.

A mente que não age conforme as expectativas do agressor é uma das habilidades que aprendemos ao longo do tempo. Por exemplo, ao dar aulas de filosofia ou outras disciplinas, percebo que existe quase como um radar nas pessoas. Quando você expressa admiração por alguém, é quase certo que algum aluno irá criticar exatamente essa pessoa. Por isso, é necessário estar preparado para isso e responder de forma equilibrada, reconhecendo tanto as qualidades quanto os defeitos da pessoa admirada. Não defendo fanaticamente ninguém; apenas aprecio as qualidades das pessoas. Ter uma identidade muito forte pode torná-lo um alvo fácil para ataques. Nem todos têm a capacidade de compreender que as coisas são sempre duais, que minhas qualidades podem não ser entendidas corretamente, e meus defeitos podem parecer piores do que realmente são. Ao agir dessa forma, nos elevamos acima do conflito e o transcendemos, o que nos torna menos vulneráveis a ataques.

> ***"A busca da sabedoria atrai críticas; não se deixar abalar, ser humilde e persistente."***
>
> **- Epicteto**

- **Se, fazendo qualquer coisa e vivendo de qualquer maneira, sempre serei criticado, por que não fazer as coisas certas? Assim, sou condenado por alguns, mas aprovado pela minha consciência e estou em paz comigo.**

Nunca houve, nem haverá um homem que seja exclusivamente louvado, ou que seja exclusivamente criticado. Portanto, não permita que sua conduta dependa do louvor ou da crítica. Essa dualidade está muito presente no "Dhammapada[25]", um milenar e sagrado livro budista. Portanto, se houver aqueles que gostam de mim e aqueles que não gostam, pelo menos que minha consciência esteja em paz, porque isso é importante para mim, e que eu continue sempre fiel a ela. Minha consciência está no andar mais elevado, no sétimo andar, alinhada com meus princípios, com meus valores mais humanos. Se estou em paz diante dessa consciência, estou bem. E é importante aceitar que sempre haverá aqueles que não nos entenderão.

- **Nunca vi alguém que não fosse criticado por nada; é perda de tempo fazer as coisas buscando fugir da crítica e ser aprovado por todo mundo.**

Pense em pessoas grandiosas do passado, em sua época. Às vezes, quase ninguém as reconhecia, como Mozart. Por exemplo, Salieri conspirou contra ele na corte, e Mozart morreu sendo reconhecido por apenas algumas poucas pessoas ao seu redor. Muito poucas mesmo. Mas o tempo passou. Hoje, ele é reconhecido por muitas pessoas. No entanto, ainda há quem não goste de Mozart, mostrando que ele não superou a dualidade nem mesmo após séculos.

Agora, imagine se Mozart tivesse desistido de compor suas maravilhas só porque sabia que nunca seria amado por todos. Nada teria sido feito, e muitas das coisas mais maravilhosas da história

25 O "Dhammapada" é uma coleção de versos que formam um dos textos mais conhecidos e reverenciados dentro do cânone budista Pali. Ele consiste em 423 versos que fornecem orientações morais e práticas para os seguidores do Budismo. Cada verso é uma síntese de ensinamentos atribuídos ao Buda Gautama e aborda uma variedade de temas, incluindo ética, conduta moral, meditação e sabedoria.
"Dhammapada" pode ser traduzido como "Caminho da Verdade" ou "Caminho da Lei" e é amplamente estudado e recitado por budistas de várias tradições. É considerado uma das obras mais acessíveis e inspiradoras do Budismo e é frequentemente usado como um guia prático para a vida diária e a prática espiritual.

da humanidade teriam sido deixadas de lado. Nada é exclusivamente louvado ou exclusivamente criticado e, mesmo assim, as coisas podem ser positivas tanto para você quanto para a humanidade, mesmo que não sejam compreendidas por todos.

Na Idade Média, acreditava-se que a Terra era plana, mas a verdade não depende da opinião da massa. As coisas são como são. O ser humano pode ou não entender isso, porém a opinião humana não define a verdade.

> ***"Quem privilegia a razão, seu Deus interior e oculto silencioso da sua virtude íntima, não se presta a espetáculo, não se lamenta, não procura a solidão nem a multidão, mas viverá sem desejos e sem temor. Nisso reside o maior dos bens."***
>
> **- Marco Aurélio**

- **Quando me sinto feliz com a minha vida e com Deus, sinto que não preciso de quase nada do lado de fora. Gosto das coisas e das pessoas, mas não dependo delas. Como não dependo, qualquer que eu receber está bom. Não tenho expectativas e nem forço a natureza para me dar nada. Minhas orações são quase só de gratidão, com quase nada de pedidos.**

Os estoicos chamavam isso de autonomia. É interessante notar que, para estar com outras pessoas, primeiro é necessário aprender a estar consigo mesmo e ser capaz de se sentir completo estando sozinho. Dessa forma, quando nos aproximamos das pessoas, não é para que elas supram nossas necessidades, mas para apreciá-las por quem são. Oferecemo-nos como nosso melhor eu. Não é uma questão de dependência, mas, sim, de compartilhamento e solidariedade. Isso é o que realmente constitui a verdadeira convivência, o que chamamos de concórdia [26] – coração com coração. Se dependemos dos outros para preencher nossas necessidades e os procuramos apenas por isso, estaremos sempre usando-os. Portanto, a autonomia de encontrar a felicidade em nossa própria vida e em nossa conexão com o divino é fundamental para nos relacionarmos com os outros. Desenvolvemos um senso de parentesco tão profundo com o divino que podemos ver os outros como irmãos. Essa autonomia nos dá a capacidade de estar em paz com o mundo, aceitando o que a vida nos oferece de bom grado, aprendendo com as experiências, sejam elas boas ou más. Isso nos permite aprimorar-nos e atrair pessoas que também buscam crescimento. Nossa expectativa é mínima, portanto, nada nos frustra. A única responsabilidade que temos é ser fiéis a nós mesmos, aos nossos princípios, valores e propósito de vida. Se mantivermos essa fidelidade, tudo o que vier de fora será uma vantagem, contribuindo para o nosso crescimento. Mesmo situações adversas podem ser encaradas de forma serena, como exemplificou Sócrates, que ensinou tanto em sua vida quanto em sua morte. Seu falecimento foi um espetáculo que deixou um legado para a humanidade ao longo da história. Portanto, dependendo do grau de sabedoria, até mesmo adversidades podem ser enfrentadas com serenidade. Embora o objetivo final possa parecer distante, é importante manter um referencial e seguir em frente, sem pressa, mas sem pausa. Mesmo quando o sol está longe no horizonte, ele já nos ilumina onde estamos. Não devemos perder nossa conexão com ele, não devemos fechar as portas e janelas.

EXERCÍCIOS

Vamos aos exercícios desta última ronda, são eles:

1. **Veja, na página de um amigo, uma crítica a algo ou alguém, e quantas "curtidas" tem. Agora, peça a esse amigo que poste um elogio a alguém.**

---

26 Concórdia = "união dos corações", do latim con (cum): com, união + cor, cordis: coração.

Verifique as curtidas. Perceba que as pessoas estão viciadas em destruir mais do que em construir. Combata esse vício em você.

Se fizer este exercício, perceberá que esse tipo de comportamento é extremamente comum quando se trata de críticas: rapidamente as pessoas se unem, começam a curtir, comentar e criticar juntas uma situação ou alguém, às vezes até adicionando mais à história. Porém, quando se trata de elogiar alguém, você vai ver que tende a ser bem menos. Isso se chama morbidez, é um vício de sempre olhar para o pior dos outros. Quando isso se vira contra você mesmo, pode destruí-lo, pois você também só vai conseguir enxergar o pior de si mesmo. E não vai se dar nenhuma chance, nenhuma esperança. Essa morbidez só vai trazer à tona todos os seus próprios defeitos. Então, observe como existe essa inclinação à morbidez e combata esse vício em você.

2. **Perceba que, em um grupo de amigos, quando você fala de um defeito seu, isso é motivo de sorrisos e sinais de apoio: "—Também tenho esse problema!". Agora, fale de uma virtude sua para esse mesmo grupo: será recebida com menosprezo e críticas do tipo: "— Que arrogante! Acha-se melhor que os outros!". Veja que as pessoas preferem compartilhar seu lixo do que elevar suas consciências juntas. Combata esse vício em você.**

Falar sobre aspectos positivos é frequentemente considerado arrogante, enquanto abordar os aspectos negativos é mais socialmente aceito. É importante combater essa tendência em si mesmo. Após tantas interações com esses grupos, é provável que você também tenha incorporado esse padrão comportamental. Reconheça isso e trabalhe para mudá-lo. Com isso, encerramos nossa décima ronda.

ANOTAÇÕES DOS EXERCÍCIOS:

BIBLIOGRAFIA

MARCO AURÉLIO. *Meditações*. Tradução: Edson Bini. São Paulo: Edipro, 2020.

EPICTETO. *Manual de Epicteto.* São Paulo: Edipro, 2021.

SÊNECA. *Sobre a brevidade da vida*. Camelot, 2022.